오십에 시작하는 마음 공부

자유롭고 빛나게, 두려움 없는 인생 2막을 사는 법

오십에 시작하는 마음공부

김종원 지음

비즈니스북스

오십에 시작하는 마음 공부

1판 1쇄 발행   2023년 2월 24일
1판 4쇄 발행   2024년 8월 26일

지은이 | 김종원
발행인 | 홍영태
편집인 | 김미란
발행처 | (주)비즈니스북스
등 록 | 제2000-000225호(2000년 2월 28일)
주 소 | 03991 서울시 마포구 월드컵북로6길 3 이노베이스빌딩 7층
전 화 | (02)338-9449
팩 스 | (02)338-6543
대표메일 | bb@businessbooks.co.kr
홈페이지 | http://www.businessbooks.co.kr
블로그 | http://blog.naver.com/biz_books
페이스북 | thebizbooks
ISBN 979-11-6254-330-6   03190

비즈니스북스는 독자 여러분의 소중한 아이디어와 원고 투고를 기다리고 있습니다.
원고가 있으신 분은 ms1@businessbooks.co.kr로 간단한 개요와 취지, 연락처 등을 보내 주세요.

어느덧 인생의 절반 즈음.
하나의 질문을 되뇌인다.

**'앞으로 무엇을 하며
어떻게 살아갈 것인가?'**

누군가는
지금 가능한 일을 하라 하고

누군가는
이제라도 원하는 일을 하라 한다.

전쟁터 같은 세상살이에도
이제껏 흔들리지 않고
잘 버텨왔다고 생각하지만

'더 이상 젊지 않은 내가 해낼 수 있을까?'

미래를 생각하면 청년 시절과 마찬가지로
마음에 불안이 스민다.

마흔이 훌쩍 넘은 나이에
폭우로 불어난 강을
하룻밤에 아홉 번이나 건넜다는
연암 박지원도 그러했을까?

요란한 강물 소리가 귀를 막고
캄캄한 어둠이 눈을 가리는 순간에
그가 찾은 구명줄은 바로 '**명심**'冥心.
'**보고 듣는 것에 따라 휘둘리지 않는 마음**'이었다.

'건널 수 있다.
여기는 강이 아니라
드넓게 펼쳐진 아름다운 초원이다.'

마음을 단단히 먹으니 세상에 장애물이란 없어졌다.
오십 이후의 삶도 결국 마음에 달린 것 아닐까?

무엇이든 해낼 수 있다는 마음.
나를 위해 행복해지겠다는 마음.

이제는 나에게 하는 질문을 바꿔보자.

"무엇이 내 삶을 후회하지 않게 할까?"

우리의 인생 2막은 거기서부터 시작된다.

가장 자유롭고
빛나는 오십으로 산다는 것

● 　연암燕巖 박지원朴趾源(1737~1805)은 청년 시절부터 주류의 길을 거부했다. 언제나 자신의 길을 선택해서 걸어갔다. 환경 때문에 어쩔 수 없이 걸어간 것이 아닌, 스스로의 선택이었다. 충분히 마음만 먹으면 가질 수 있는 것들도 굳이 손에 쥐려고 하지 않았다. 그러자 그의 삶에 매우 특별한 변화가 찾아왔다. 주류의 길을 거부하니 오히려 그에게 자유와 평화가 찾아온 것이다. 세월이 흐를수록 그의 가치는 점점 높아졌고, 마침내 스스로 주류가 되어 명령에 순종하고 틀에 맞추는 삶을 완전히 거부할 수 있게 되었다.

　그러나 삶이 늘 순탄한 것만은 아니었다. 오십 이전과 이후 연암의 삶은 극명하게 달랐다. 청년 시절의 연암은 남들이 볼 때 마치 잃어도 좋은 푼돈처럼 인생을 살았다. 공부보다는 글쓰기에 집중하며 20대를 보냈고, 30대 시절에는 우울증으로 과거까지 포기했다. 다른 사대부들이 돈과 명예를 추구할 때 그는 철저히 실학實學 연구에만 정진했다. 그러다 40대 중반에 큰 변곡점을 만든다. 팔촌형 박명원朴明源의 수행원 자격으로 사신단에 끼어 청나라를 다녀오며 기록한 여행기,《열하일기》熱河日記를 펴낸 것이다. 이후 연암은 50대에 이르러 '조선 최고의 문장가'로 인정받게 된다. 실로 자기 자신을 혁명한 것이다.

정확히 오십이 되던 해 연암에게는 신분상의 큰 변화도 생겼다. 집안의 생계를 책임지기 위해 친구 유언호兪彦鎬의 추천으로 늦은 나이에 종9품의 말단 직책인 선공감감역繕工監監役(오늘날의 건축물 공사감독관)이 된 것이다. 그렇게 그간 거부했던 벼슬살이를 1786년 처음으로 시작하게 되었다. 사실 보통 사람이 그런 상황에 처하면 자리를 보전하기 위해 세상을 바라보는 시각과 태도를 바꾸게 마련이다. 그런데 연암은 그런 방식의 삶을 선택하지 않았다. 그는 여전히 자신의 삶을 고수했다. 주어진 업에도 충실했으며 일상에서도 여전히 자유와 창조성이 깃든 나날을 보냈다. 어떤 상황에서도 그는 가장 능동적으로 자신의 삶을 살아갔다.

삶의 갈림길에 설 때마다 그는 자신의 방식을 고수했다. 서른의 연암, 마흔의 연암, 그리고 오십 이후의 연암은 그 나이에 맞는 빛과 가치를 품고 있었고 그리하여 누구보다 자유로울 수 있었다. 세상이 아무리 그를 흔들어도 결코 흔들리지 않았다. 이유는 바로 '글쓰기'를 통해 정립한 삶의 방향과 철학이 그를 지탱해주었기 때문이다. 물론 그냥 무작정 글을 쓴다고 모두가 연암처럼 자유롭고 빛나는 오십을 살 수 있는 것은 아니다. 연암은 자신의 삶을 통해 스스로 공부하며 글을 쓰는 일상을 실천했다. 그리고 훗날 자신처럼 인생을 주도적으로 살고 싶다면 다음 다섯 가지 '지적 자본'이 필요하다고 강조했다.

먼저 지성의 기반이 될 기초체력인 **'꾸준한 배움'**을 내면에 담아야 하고, 실용적 삶의 기준이 되는 **'밝은 안목'**을 갖춰야 한다. 이어 불가능의 경계를 허무는 **'말의 내공'**을 배워야 하며, 혼란스러운 세상에서 분명하고 명쾌한 선택을 할 수 있게 돕는 **'지적 판단력'**을 갖춰야 한다. 그럼 마지막으로 **'단단한 내면'**을 더해서 더 큰 자신을 만들 수 있는 마음의 힘을 가질 수 있다. 이런 다섯 가지 지적 자본이 일상의 글쓰기와 맞물리면 자연스럽게 오십 이후의 삶은 자유롭고 빛날 것이다.

이 책은 그런 연암의 삶을 통해 지금은 불안하고 흔들리지만 오십 이후에는 보다 '단단하고 자유로운 나'로 살고 싶은 사람들을 위해 쓰였다.

중요한 것은 순서다. 순서가 바뀌면 삶도 바뀐다. 다섯 개로 나눈 삶의 태도가 순서에 상관없이 놓인 것이 아니라, 과정이라고 말할 수 있을 정도로 하나하나 단계를 밟아나가야 한다. 좀 더 구체적으로 설명하면 먼저 슬기로운 세상살이를 할 수 있도록 돕는 지식을 꾸준히 습득해야 한다. 직업적인 전문성을 위해서든 취미로서든 우리에겐 '배움'이 있어야 한다. 그다음에는 배운 지식을 제대로 분간할 수 있는 '안목'을 갖춰야 한다. 그런 다음 우리가 맞이하는 일상의 곳곳에서 불가능이라는 벽을 허물게 돕는 '말의 내공'을 갖춰야 하고, 그러면 자연스럽게 어떤 세상에서도 실수하지 않는 '지적 판단력'을 갖게 된다. 그리하여 마지막으로 우리가 그토록 원하는 '단단한 내면'을 가진 사람으로 다시 태어난다. 어느 하나만 집중적으로 단련하는 것이 아니라, 단계적으로 나아간다면 원하는 삶을 완성할 수 있을 것이다.

각각의 소주제를 마무리할 때마다 그 주제를 일상에서 흡수할 수 있게 돕는 문장을 따로 배치했다는 점은 이 책의 특장점이다. 연암이 글쓰기를 통해 오십 이후의 삶을 빛낸 것처럼, 여러분도 연암과 내가 함께 구상한 그 글을 필사하며 글쓰기가 삶에 어떤 영향을 미치는지 깨닫게 되기를 소망한다. 여러분이 앞으로 5단계 과정을 통해 쓸 글에는 이런 힘이 녹아 있다.

연암의 글 중에서 그의 삶에 대한 태도를 엿볼 수 있는 대표적인 사례를 하나 소개한다. 연암이 친구였던 대구판관大邱判官 이단형李端亨에게 보낸 편지의 일부인데, 그의 글쓰기가 자신과 주변에 얼마나 근사한 영향을 미쳤는지 짐작할 수 있다.

하루는 영남 일대에 찾아온 극심한 흉년으로 백성들이 굶주림에 시달려 대대적인 진휼賑恤(흉년에 곤궁한 백성을 구원하여 도와줌)이 시행되었다. 그러나 진휼은 생각보다 어려웠다. 다양한 조건을 모두 충족시킬 방법을 찾지 못했던 것이다. 더 굶주리는 백성에게 더 많은 손길을 전해야 했고, 그렇다고 소외되는 사람도 없어야 하며, 가장 공평하게 이루어져야 했기 때문이다. 매일 밤 고심하던 그는 친구 연암에게 편지를 보내 마음속 고통을 토로했다. 이에 연암은 바로 다음과 같은 내용의 글을 써서 시원한 해답을 전해줬다.

"문제는 상황이 아니라 자네 마음에 있다네. 바꿀 수 없는 상황에 대한 고민은 접고, 상황을 바라보는 자네의 태도를 바꾸는 게 좋지 않겠나. 생각해보게. 백수였던 자네와 내가 귀한 임금의 은혜를 입어 순식간에 넉넉한 재산을 가진 영감이 되었지 않은가. 게다가 드넓은 마당에 수십 개의 커다란 가마솥을 걸어놓고 한 달에 세 번이나 굶주린 백성들을 먹이는 값진 즐거움을 누리고 있으니, 행복 중에 이보다 더한 행복이 또 어디 있겠는가?"

참 근사한 글이다. 군더더기가 없고, 마음을 편안하게 해주는 지혜로운 답으로 가득하다. 이 짧은 글과 에피소드에 앞서 소개한 다섯 가지 지적 자본이 모두 녹아 있다는 사실을 알 수 있다. 연암은 그냥 무작정 글을 쓴 것이 아니다. 또한 그저 오랫동안 글을 써서 글쓰기 실력이 좋아져서 그런 것도 아니다. 다섯 가지 지적 자본을 통한 글쓰기를 통해 평생 자신과 주변 사람들의 인생을 아름답게 만들어온 덕분이다.

어려운 것도 아니고, 특별히 긴 시간이 필요한 것도 아니다. 그저 여기에 쓴 글을 읽고 소주제 끝에 쓰여 있는 글을 필사하며 마음에 오롯이 담으면 연암이 가졌던 능력을 당신도 가질 수 있다. 그리하여 당신의 오십 이후의 나날을 어제보다 아름답게 만들 수 있다. 언제나 그렇듯 우리에게 남은 몫은 이것 하나다.

당신도 지금 그 삶을 시작하라. 시작하는 자만이 도착할 수 있다.

제1장 ❖ 지성의 기초체력이 되는 '꾸준한 배움'

제4장 ❖ 분명하고 명쾌한 선택을 돕는 '지적 판단력'

제5장 ❖ 나를 넘어서는 마음의 힘, '단단한 내면'

제1장

지성의 기초체력이 되는
'꾸준한 배움'

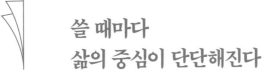

쓸 때마다
삶의 중심이 단단해진다

● "우리 앞으로 차라리 개를 키우지 말자!"

벼락과도 같은 연암의 말이다. 언뜻 오해할 수도 있지만, 이는 결코 개를 싫어해서 나온 말이 아니다. 오히려 그는 그 크기가 작든 크든 모든 살아 있는 생명을 사람과 동등한 수준으로 귀하게 여겼다. 그런 그가 왜 개를 키우지 말라고 했을까? 연암은 차분한 목소리로 이렇게 답한다.

"개는 주인을 따르는 소중한 동물이다. 그런데 개를 기르면 나중에 죽여 잡아먹지 않을 수가 없으니, 처음부터 기르지 않는 것이 낫다.

서로에게 얼마나 고통스럽겠는가?"

　모든 것이 풍족한 현재의 시각에서 보면 언뜻 이해하기 힘든 말이다. 하지만 당시 백성의 삶은 먹을 것이 풍족하지 않아서 흉년이 찾아오면 사람도 굶어서 죽어나갔다. 아무리 당장은 개를 사랑해도 사람 일이 어떻게 될지 모르니, 나중에 굶주린 배를 채우기 위해 키우던 개를 잡아먹는 고통스러운 일을 하지 않으려면 아예 처음부터 키우지 말라는 것이다. 이것이 놀라운 이유는 생명을 진실로 사랑하는 마음이 없다면 생각조차 할 수 없는 발상이기 때문이다.

　이전에 그는 생각도 하기 싫은 매우 끔찍한 순간을 겪은 적이 있다. 하루는 자신이 평생 타던 사랑하는 말이 세상을 떠나자, 그는 슬픔에 차마 자신이 땅에 묻지 못하고 하인들에게 부탁했다.

　"아… 이 말을 좋은 곳에 조용히 묻어주게."

　그러나 굶주림에 시달리던 하인들은 그의 지시를 어기고 그만 말을 잡아먹어 버렸고, 그 처참한 광경을 목격한 연암은 크게 분노했다. 얼마나 충격이 컸을까? 그렇다고 하인에게 모든 잘못을 떠넘길 수는 없었다. 울분을 토해내는 심정으로 그는 하인들이 먹고 남긴 말의 뼈를 고이 수습해 양지바른 곳에 잘 묻어주었다.

　중요한 내용은 여기서부터다. 내쫓긴 하인들이 다른 곳으로 떠나거나 숨지 않고 문밖에서 용서를 구했다는 사실이다. 그들은 문밖에서 진심으로 잘못에 대한 용서를 구했다. 그들은 그렇게 몇 달이 지난 후 비로소 연암의 용서를 받고 다시 일을 할 수 있었다. 그들이 그런 선택을 했다는 것은 자신의 잘못을 진실로 반성하면 언젠가는 연암이 용서해줄 거라는 강한 믿음이 있었기에 가능했다. 그런 확신이 없었다면 오랫동안 문밖에서 용서를 구하려는 생각 자체를 할 수 없었을 터이다.

연암은 자신이 사랑하던 말의 죽음으로 아픔을 겪었고, 동시에 믿었던 하인들이 말을 잡아먹는, 생각도 하기 싫은 고통을 받아야 했다. 하지만 흔들리는 마음을 스스로 추스르면서 말도 편안하게 보내주었고 하인의 잘못도 따스한 마음으로 용서했다. 생명을 사랑하는 마음이 진실하지 않았다면 둘 중 무엇 하나도 해낼 수 없었을 것이다. 사랑하는 마음이 그에게 평화를 허락했다. "차라리 개를 키우지 말자."라고 말할 정도로 동물을 아끼는 사람이었지만, 그 참혹한 사건이 주는 아픔을 이겨내고 다시 평온한 지성인의 일상으로 돌아와 다시 어제처럼 오늘을 살았던 것이다. 우리가 주목해야 할 지점이 바로 여기다.

연암에게도 흔들릴 수밖에 없는 일이 자주 일어났지만, 글쓰기를 통해 사는 내내 중심을 잡고 일상에 집중할 수 있었다. 그가 보여준 삶의 태도는 말을 잡아먹은 하인들이 그가 용서해줄 거라는 사실을 믿고 기다린 것처럼, 주변 사람들에게까지 전해져 무한한 신뢰와 지지를 받기도 했다. 그럼 글쓰기를 통해 삶의 철학을 만들고 그걸 토대로 오십의 삶에서 원하는 모습을 갖추고자 한다면 어떻게 해야 할까? 뭐든 순서가 있는 법이다. 먼저 천지 만물에서 좋은 글과 말을 발견할 수 있어야 한다.

"문자로 된 것만이 책은 아니다. 꼭 그 사실을 기억하라. 물론 책에 세상 사는 지혜가 녹아 있으니 세심하게 읽을 필요가 있다는 사실은 부정하지 않는다. 그러나 그렇다고 늘 책만 본다면 물고기가 물을 인식하지 못하듯, 그 지혜가 가진 잠재력을 제대로 측정하기 힘들다."

연암의 글을 편집했다. 그는 모든 것을 알지만 아무것도 모르는 상태를 지적하며, 우리가 요약하고 깨달아야 하는 대상은 글자로 된 책에만 존재하는 것이 아니라, 두 발을 딛고 살아가는 여기 천지 만물에 흩어져 있다는 것을 강조했다. 연암의 눈으로 본다면 세상은 곧 하나의 커다란 책이다. 세상을 조금 더 섬세하게 관찰할 때 비로소 천지 만물은 우리에게 자신이 가진 귀한 가치의 활용을 허락할 것이다. 그것이 글이 될 때 우리는 비로소 강력한 힘을 얻는다. 이것이 바로 내가 심혈을 기울여 연암을 소개하는 이 책을 쓴 이유다. 그가 쓴 글을 읽으며 나는 오랫동안 이런 생각을 했다.

시간과 공간이 아무리 변하고 흘러도 진리는 그 자리를 떠나지 않고 지금도 우리 인간을 지켜보고 있다. 마음만 흔들리지 않고 당신이 본 것을 글로 쓸 수 있다면 우리는 뭐든 이룰 수 있다.

결국 오늘 쓴 글이 내일 만날 당신의 가능성인 셈이다. 그 사실을 잊지 말고 연암이 그랬듯이 읽고 쓰는 삶을 지속하자.

책에는 세상 사는 지혜가 녹아 있으나
늘 책만 본다면 물고기가 물을 인식하지 못하듯,
그 지혜가 가진 잠재력을 제대로 측정하기 힘들다.

❖　책은 지식을 쌓는 매우 좋은 수단이지만, 책에서만 지식을 발견한다면 아주 조금 아는 것이다. 만약 시야를 넓혀 주변 사람에게서도 배울 수 있다면 당신은 곁에 존재하는 사람의 수만큼 성장할 것이다. 만약 당신이 자연에서 무언가를 볼 수 있다면 세상 만물이 그대의 스승이 되어 깨달음을 줄 것이다.

오십 이후
성장하는 삶의 비밀

1768년 무렵 서른두 살 연암의 제자가 된 박제가朴齊家의 시문집 《초정집》草亭集에 서문으로 써준 글, 연암의 〈초정집서〉楚亭集序에는 매우 흥미로운 이야기가 나온다. 오십 이후에 나날이 성장하는 인생을 살고 싶다면 그 글을 읽고 핵심 메시지를 느껴보자.

옛사람 중에 독서에 능한 사람이 있었는데 공명선公明宣 (증자曾子의 제자)이 바로 그 주인공이다. 연암은 자신에게 이런 질문을 던졌다.

"참 궁금하구나. 그는 대체 어떤 방법으로 최고 수준의 독서를 실천할 수 있었을까? 내가 모르는 어떤 방법이 있는 걸까?"

연암이 발견한 공명선만의 방법은 매우 명확하고 단순했다. 이야기는 과거로 돌아간다.

공명선은 처음 스승 증자에게 글을 배울 때, 매우 기이한 행동을 했다. 무려 세 해 동안이나 책을 읽지 않았던 것이다. 이를 이상하게 여긴 증자가 그 까닭을 물었다.

"어허, 공부를 한다고 왔으면서 대체 너는 왜 책을 읽지 않는 것이냐?"

공명선은 차분한 음성으로 이런 답을 내놓았다.

"선생님이 가정에서 행동하고 말씀하시는 것을 제가 보고 들었고, 어떤 자세와 태도로 손님을 대하는지 세심하게 보았으며, 조정에서 일하실 때 어떤 원칙과 철학으로 임하시는지 모두 다 보았습니다. 그렇게 선생님의 일상에서 수많은 것을 보고 듣고 배웠지만, 아직 저는 그것을 제 삶에서 실천하지 못하고 있습니다. 그런데 제가 어찌 스승께 감히 배우지도 못한 상태에서 책을 읽을 수 있겠습니까?"

공명선이 3년 동안이나 책을 읽지 않았던 이유는 스승의 삶에서 보고 배운 것을 아직 행동으로 옮기지 못했기 때문이다. 스승이라는 책을 아직 다 소화하지도 못한 상태에서 다음 단계인 독서로 넘어갈 수는 없다고 생각한 것이다.

듣고 보니 참 맞는 말이다. 세상에는 급하게 원하는 것을 취하려는 사람이 많다. 연암에게도 그런 사람들이 자주 찾아와 방법을 구했다. 그럴 때마다 연암은 그들의 성급한 마음을 진정시키면서 "지금 어떻게 공부를 하고 있는가?"라고 물었다. 그들은 모두 달랐지만, 내놓은 답은 하나로 귀결됐다.

"다른 이들보다 더 많이 읽고, 빠르게 이해가 되지 않으면 어떻게든 외워서라도 알려고 노력합니다."

언뜻 들으면 공부를 매우 잘하고 있는 것처럼 보인다. 그러나 생각이 전혀 달랐던 연암은 "앞으로 공부법을 바꾸는 게 좋겠다."라고 조언하며 그 이유에 대해 이렇게 말했다.

> "많이 읽고 무작정 외우는 것은 최선의 방법이 아니다. 비록 하나를 알더라도 그 하나를 제대로 음미하고 면밀하게 생각하는 것이 중요하다."

연암이 인생 후반기에 흔들리지 않고 처음의 마음을 지킬 수 있었던 힘도 바로 "뭐든 제대로 익혀서 내 것으로 만들며 살아가는 일상이 중요하다."라는 철학에 있다. 자신이 하는 일이 본질에서 벗어나면 빠르게 수정해서 다시 본질로 돌아가 지성知性을 구했다. 연암이 과거 급제를 중요하게 생각하지 않은 이유도 그의 철학과 크게 다르지 않았다. 보통 사람이 볼 때는 이상한 일이지만, 그의 철학을 기준으로 볼 때는 지극히 당연한 일이었다. 과거시험을 보고 좋은 결과를 내기 위해서는 경전을 외우고 과문을 익히기만 하면 되기 때문이었다. 연암은 공부를 위한 공부는 하지 않았다. 그러나 오히려 그런 철학이 그를 창조적인 자기 삶을 살게 해주었다. 공부를 위한 공부에서 나온 결과는 결국 그 공부를 시킨 세상의 것이다.

게다가 그에게 책은 음미하는 것이지 억지로 외우는 것이 아니었다. 또한 과거에 나오는 문제는 정답이 정해진 것이나 마찬가지이기 때문에 과거 급제는 틀에 맞추어 공부하다 보면 주어지는 값싼 결과라고 생각했다. 결국 연암의 철학으로 판단할 때 과거 급제는 똑같은 것을 얼마나 많이 반복했느냐에 좌우되는 것이고, 자기 삶의 철학을 바탕으로 성장하는 데는 아무런 의미가 없는 것이었다.

공부가 잘되고 안 되고는 자신에게 달려 있다. 마찬가지로 마음에 좋은 것이 있는지 혹은 나쁜 것이 있는지, 그것 역시 자신에게 달려 있다. 스스로 자신을 제어하면 세상에 할 수 없는 일이 없다. 우리는 자신을 칭찬할 수도 있고 비난할 수도 있다. 또한 누군가에게 책임을 미룰 수도 있고, 스스로 실수를 인정하고 조금 더 성장할 수도 있다는 사실을 기억하면 일상이라는 삶의 무기를 근사하게 활용할 수 있을 것이다.

많이 읽고 무작정 외우는 것은 최선의 방법이 아니다.
비록 하나를 알더라도 그 하나를 제대로 음미하고
면밀하게 생각하는 것이 중요하다.

❖   인간에게는 쉽게 변하지 않는 '나약한 욕망'이 존재한다. 조금 아는 것을 자랑하고 싶은 마음, 자신이 알지 못할 때 타인이 아는 것을 낮추려는 마음이 바로 그것이다. 인간은 나이가 들수록 언제나 자신이 아는 것을 남이 몰라줄까 걱정하고, 자신이 미처 깨닫지 못한 것을 남이 먼저 깨닫는 것을 싫어한다. 그런 어리석은 삶에 안녕을 고할 때 오십 이후의 성장은 시작된다. '매일 쓰면 가끔 글이 나온다'는 말을 가슴에 새기며, 공들인 하루를 보내려고 할 때 자기 공부를 완성할 수 있다는 사실을 기억하자.

수천 개의 영감이
한 줄에 존재한다

지금도 수많은 사람이 각자의 자리에서 책을 읽고 있다. 그들의 독서법과 책을 대하는 태도는 모두 제각각이라 하나의 공통점을 찾기가 힘들다. 그러나 분명히 구분할 수 있는 부분이 있으니, 어떤 사람은 방금 읽은 책 제목도 기억하지 못하고, 어떤 사람은 제목만 겨우 머릿속에 남긴 독서를 하고, 또 어떤 사람은 한 권을 읽고도 백 권을 읽어야 짐작할 수 있는 세상을 만난다는 사실이다. 같은 책을 읽었는데 이런 엄청난 차이가 생기는 이유는 뭘까?

나는 지금까지 30년 넘게 틈틈이 사랑과 이별에 관한 시와 에세이를 써서 내가 운영하는 SNS에 올렸고, 그걸 엮어 시집과 에세이를 다섯 권이나 발간했다. 그래서 나를 처음 만나는 사람들은 간혹 이런 질문을 한다.

"대체 얼마나 많은 사랑을 해본 건가요?"

"글의 주인공이 다 누구인가요?"

사랑과 이별을 주제로 1,000편이 넘는 시와 에세이를 썼으니, 게다가 각각 내용과 느낌이 전혀 다르니 오해할 만도 하다. 하지만 앞서 언급한 한 권을 읽고 백 권을 짐작할 줄 아는 사람이라면 굳이 그 이유를 묻지 않아도 답을 안다.

"한 번의 깊은 사랑과 이별은 수천 개의 영감을 준다. 한 번 치열하게 사랑했던 경험이 세상의 모든 사랑과 이별을 짐작할 수 있는 능력을 주기 때문이다."

책도 그렇다. 우리는 세상에 존재하는 모든 책을 다 읽을 수는 없지만, 한 권으로 세상의 모든 책이 주는 가르침을 짐작하고 예상하며 나름대로 확장할 수 있다. 물론 그 놀라운 원리를 모르는 사람에게는 말도 안 되는 이야기이지만, 아는 사람에게는 그저 숨을 쉬듯 당연한 이야기다. 뭐든 당연해지기 전까지는 불가능해 보이는 법이니까.

그런 의미에서 연암이 세상을 바라보는 방법은 조금 특별했다. 총 3단계로 대상을 인식했는데, 그 안에는 그만의 독서법과 글쓰기 방식이 녹아 있으니 자신이 연암이 된 마음으로 읽고 잠시 사색해보자.

1단계: 모든 존재는 각자의 가치가 있다는 시선을 마음에 담고, 자신이 존재하는 공간 속에 존재하는 사물을 바라본다.

2단계: 바라본 것들 가운데 특별히 눈에 오랫동안 남는 이미지를 텍스트로 바꿔 하나의 문장 형태로 내면에 담는다.

3단계: 하나의 문장은 그에게 세상을 바라보는 하나의 눈으로 다시 태어난다. 그렇게 그는 자신이 내면에 심은 문장이라는 눈을 통해서 세상을 바라본다.

이러한 과정을 통해 연암의 눈에는 같은 공간 같은 세상이지만 이전에는 볼 수 없던 것을 볼 수 있었다. 이를테면 그가 친족 박남수朴南壽에게 보낸 편지의 일부인 아래 문장은, 공자孔子가 후대에 남긴 삶을 자신의 문장으로 만들고, 다시 연암의 눈으로 관찰한 것을 기록한 것이다.

> "살구꽃이 비바람에 다 떨어졌네. 상황이 이렇게 될 줄 알았다면 자네를 불러서 즐겁게 놀았을 텐데. 그게 참 아쉽네. 그런데 어제 내린 비에 살구꽃은 졌으나 복사꽃은 아직 고우니, 나는 또 알지 못하겠네. 세상을 창조한 자가 어느 한쪽만 좋아하는 마음이 있는 것인가."

이 문장은 연암이 제비와 대화를 나누며 쓴 글인데, 그때 상황을 간단하게 설명하면 이렇다. 살구꽃이 지고 피어오른 복숭아꽃을 감상하던 연암은 마침 날아온 제비와 대화를 시도한다. 그리고 제비의 지저귐을 '회여지지 지지위지지'誨汝知之 知之爲知之(아는 것이란 아는 것을 안다고 하고 모르는 것을 모른다고 하는 것이다)로 들으며 웃음을 터뜨린다. 이것은

《논어》論語의 〈위정〉爲政 편에서 공자가 제자 자로子路에게 한 말이다. 연암은 혼잣말로 제비에게 말한다.

> "너도 글 읽기를 좋아하는구나. 그러나 바둑, 장기와 같은 놀이도
> 있지 않느냐."

이 글은 제비의 모습을 철저히 공자의 시선으로 바라본 결과라고 볼 수 있다. 《논어》에 적혀 있는 이 글이 그 사실을 증명한다.

"하루 종일 배불리 먹고 아무 마음도 쓰지 않고 지낸다면 곤란하다. 바둑이나 장기가 있지 않은가. 이것이라도 하는 편이 그나마 낫다."

글쓰기는 그 사람의 인생을 놀랍도록 선명하게 보여준다. 실제로 어떤 왕래가 없던 사이라도 그 사람이 쓴 글 몇 줄만 읽으면, 그가 앞으로 어떤 책을 선택해서 어떤 방식으로 읽을지 짐작할 수 있다. 많은 양의 글도 필요하지 않다. 다섯 줄 이하의 짧은 글 하나만 읽어도 80퍼센트 이상은 어렵지 않게 맞힐 수 있다.

언제나 평균 이상의 무언가를 창조하며 원하는 것을 이루어가는 사람은 소수다. 그들은 타인이 예측할 수 없는 생각을 하고 그렇게 나온 기준으로 선택하고 결정한다. 누구도 예상하기 어렵기에 20퍼센트의 삶을 산다. 연암처럼 어떤 생각을 하는지 예측할 수 없고 누가 쓴 어떤 내용의 책을 읽을지 알 수 없는 사람이 되어야만 아무도 모르는 자신의 가능성을 발견할 수 있다. 매일 같은 길만 걸으면서 다른 기회를 만나기를 바라는 사람을 두고 아인슈타인은 이렇게 말한다.

"어제와 같은 오늘을 살면서 다른 내일을 기대하는 것은 정신병 초기 증상이다."

일상에서 당신도 실천해보라. 연암처럼 우연히 발견한 영감으로 한 편의 글을 쓰고 싶다면, 먼저 대상을 내 눈앞에 생생하게 보이도록 만들어야 한다. 그래야 머릿속에 담은 그 영감이 종이 위에서 연극처럼 생생하게 살아 움직이게 할 수 있다. 일상에서 쉽게 훈련하는 방법이 있다. '어떤 인물'이 '어떤 장소'에서 '어떤 특별한 방법'으로 '어떤 문제를 해결하려고 했는가'를 자세하게 메모하는 습관을 기르는 것이다. 그렇게 쌓인 메모 자체가 하나의 근사한 글이 되기도 한다. 이를 통해 우리의 머릿속에서는 엄청난 창조 작업이 시작된다.

진정으로 아는 것이란 아는 것을 안다고 하고
모르는 것을 모른다고 하는 것이다.

❖　　　독서는 자신을 읽는 행위다. 아니 반드시 그래야만 한다. 최고의 책은 나 자신이어야 한다. 영원히 사라지지 않는 고전은 바로 어제 보낸 나의 하루다. 그렇다면 깨달은 자는 누구인가? 조언은 누구나 할 수 있지만 실천하는 삶은 쉽지 않다. 조언은 타인의 일이지만 실천은 나의 일이기 때문이다. 그러나 깨달음의 끝은 경청이다. 스스로 실천하는 자들은 결코 타인에게 조언하지 않기 때문이다. 이유는 간단하다. 스스로 해보았기에 실천이 얼마나 힘든지 잘 알아서다. 그러므로 스스로 실천하며 깨달은 자는 말없이 사람들의 이야기를 경청한다. 말하는 자는 모르는 자고, 경청하는 자는 깨달은 자다.

지적 자본의 크기를 확장하는
4단계 질문법

어지럽다. 그리고 혼란스럽다. 그 이유는 우리가 사는 여기가 무엇이든 빠르게 그리고 많이 얻으려는 세상으로 변하고 있기 때문이다. 내게도 그런 욕구를 가진 사람들이 자주 찾아와 고민을 토로한다. 나는 너무 급한 마음으로 무언가를 빠르게 얻으려는 사람들에게 내 의견을 섞어 지금 시대에 맞게 변주한 연암의 조언을 들려주며 지성을 추구하는 속도를 늦추라는 메시지를 전한다.

"무엇이든 쉽게 가질 수 있는 건 세상에 없어요. 만약 그런 것이 있다고 해도 그건 가치가 없어서 굳이 소유할 필요가 없죠. 그러니 너무 급하게 생각하지도 말고, 그렇다고 중간에 멈추지도 말아요. 가치 있는 것들은 언제나 자기 수준에 맞는 시간을 원하니까요."

듣기에는 정말 아름다운 말이다. 급하게 서두르지 않고 목표를 향해 멈추지 않는 바람처럼 잔잔하게 전진하는 삶이 아름답다는 말이니까. 그러나 연암이 진정 전하고 싶은 이야기는 과연 무엇이었을까? 그가 남긴 말을 눈에 보이는 그대로 받아들이는 것도 좋지만, 눈에 보이지 않는 것까지 볼 수 있다면, 앞으로 삶의 내공도 그만큼 더 넓고 깊어질 것이다.

위에 소개한 그의 조언을 압축한 글에 두 개의 질문을 던지면, 이렇게 그 속에 숨어 있던 것들이 드러나기 시작한다. 하나는 "서두르지 말라는 이유는 무엇인가?", 또 하나는 "멈추지 않고 쉼 없이 가는 자는 무엇이 다른가?"라는 질문이다.

질문에 답하며 그가 글에 녹여 넣은 비밀을 하나하나 풀어보자. 서두르지 말라는 조언에는 크게 두 가지 이유가 있다. 하나는 아무리 서둘러도 결국 아무것도 찾지 못할 것이기 때문이고, 또 하나는 자신이 평생 가야 할 길을 찾은 사람은 절대 서두르지 않기 때문이다. **결국 서두르지 말라는 말은 "너를 서두르게 하는 것은 너의 길이 아니니, 너를 차분하게 만들 다른 것을 찾아라."라는 조언인 셈이다.** 그걸 이해하면 이제 두 번째 질문이 무엇을 향하고 있는지 저절로 알게 된다. 그렇다. "멈추지 않고 쉼 없이 가라."라는 말은 결국, "멈춰서 쉬고 싶지 않을 정도로 즐거운, 휴식보다 달콤한 일을 찾아라."라는 뜻이 담겨 있다.

한 줄의 글은 곧 한 사람의 인생이다. 쉽게 다가가려는 태도도 물론 좋지만, 한 줄의 글을 가슴에 담으려면 아주 긴 사색의 시간이 필요하다. 쉽게 담은 것은 쉽게 달아나기 때문이다. 한 줄의 글이라도 몇 번의 질문을 통해서 그 의미를 다르게 추출할 수 있다면, 그렇게 추출한 의미를 다시 내 삶에 연결할 수 있다면, 그 지식이 필요한 수많은 사람에게 전할 수도 있다. 그러므로 우리에게 필요한 것은 많은 글과 말이 아니다. 많은 질문과 깊은 사색만이 우리를 자유롭게 한다.

나는 연암의 삶에서 독서를 끝낸 뒤에 자신의 지적 상태를 점검할 수 있게 돕는 4단계 질문법을 찾아냈다.

1. 책을 읽은 후 나는 어떤 생각을 하게 되었는가?
2. 외부로부터 내 마음속에 들어온 생각은 무엇인가?
3. 마음속에 있던 다른 지식과 연결되어 추가로 발생한 생각은 무엇인가?
4. 그렇게 얻은 생각으로 누구에게 도움을 줄 수 있나?

4단계 질문법으로 생각을 정리하지 않으면 무엇이 나의 생각이고, 무엇이 타인의 생각이며, 어떤 생각과 지식이 결합해서 현재 상태에 도달했는지 하나도 알 수 없게 된다. 좋다는 글과 책을 닥치는 대로 읽어서 아는 것은 많아도 의식 수준을 비롯해 삶의 변화가 없는 이유가 바로 여기에 있다.

> 너를 서두르게 하는 것은 너의 길이 아니니,
> 너를 차분하게 만들 다른 것을 찾아라.

❖　　　어떤 위대한 사람도 하루라도 독서를 하지 않으면 얼굴색이 어두워지고 수준 낮은 언어를 구사하게 된다. 또한 두려운 마음을 내려놓을 곳이 없어진다. 온갖 유혹과 중독으로 점철된 유희와 음주는 결코 배우는 자가 마음을 둘 곳이 되지 못한다. 그러니 언제 어디서나 최대한 복장을 단정히 하고, 불을 켜고 정숙하게 앉아 치열한 눈빛으로 책상을 대하라. 처음 대하는 책을 볼 때는 급하게 달려들지 말고, 한 줄을 읽어도 차분하고 깊이 있게 읽어야 한다. 최선을 다해 자신의 시간을 투자하라.

묻고 또 물어서
날마다 자신을 새롭게 하라

●   모르는 것을 배우는 길과 새로운 자신을 만드는 길은 하나로 통한다. 더 자세한 내용을 알고 싶다면, 연암의 조언에 귀를 기울여보자.

> "학문하는 길에는 따로 지름길이 없으니 모르는 것이 있으면 길가는 사람을 붙잡고라도 묻는 것이 옳으며, 심지어 시중을 드는 하인이 나보다 하나라도 많이 알면 그에게 가서 배워야 한다."

반박하기 힘든 딱 맞는 말이다. 그런데 연암의 말을 거듭 읽다 보면 이런 궁금증이 생긴다. "누구나 고개를 끄덕일 이야기인데, 그의 조언을 실천하기 어려운 이유는 무엇일까?" 크게 두 가지 이유가 있다. 하나는 '배우는 목적을 제대로 모르기 때문'이며, 다른 하나는 '그 목적을 위해 어떻게 살아야 하는지'를 모르기 때문이다.

종합하자면 잘 몰라서 해야 할 가치를 느끼지 못하는 것이다. 이에 연암은 학문의 깊이를 추구하려면 배우는 목적이 자신의 명성을 얻기 위한 것이 아니라, 사람들의 생활을 편리하게 하는 데 있어야 한다고 조언한다. 또한 그렇게 살기 위해서는 다양한 부분에서 사람들에게 도움을 줄 영감을 발견할 수 있도록, 날마다 자신을 새롭게 하는 삶을 추구해야 한다고 말했다. 나는 연암의 삶에서 날마다 자신을 새롭게 하는 4단계 삶의 자세를 발견했다.

1. 오래된 나를 떠나라

우리가 새로움을 추구하지 못하는 가장 큰 이유는 오래전부터 이어진 과거의 고리를 끊지 못하기 때문이다. 이에 연암은 과거와의 단절이 필요하다고 주장하며 그 이유에 대해서 이렇게 설명했다.

> "하늘과 땅이 아무리 오래되었다고 하더라도 끊임없이 새로운 생명을 낳는다. 해와 달이 아무리 오래되었다 하더라도 그 빛은 날마다 새롭다."

어제의 하늘과 오늘 마주하는 하늘은 다르다. 오래된 나를 떠나기 위해서는, 일상에서 마주하는 모든 것이 날마다 새롭다는 사실을 마음으로 인지하며 늘 새롭게 바라보겠다는 의지를 다져야 한다.

2. 여기에 무언가 있다

의지를 다졌다면 이제 확실한 변화가 필요하다. 그 시작은 "이 세상에 같은 것은 하나도 없다."라는 마음으로 하루를 보내는 것이다. 책을 읽을 때도 마찬가지다. 그 마음으로 임하는 독서와 "뭐 특별한 게 있겠어?" 하는 마음으로 임하는 독서는 그 과정과 결과가 다를 수밖에 없다.

> "이 세상에 같은 분야에 대한 책이 아무리 많아도 거기에 담긴 내용은 제각각 다르다."

아무리 읽어도 뭔가를 발견하지 못하는 사람들에게 전하는 연암의 귀한 조언이다. 당신이 머무는 그 공간에 혹은 그 상황에 무언가 있다고 생각하며 접근하라. 그 시선이 당신에게 새로움을 선물할 것이다.

3. 그대의 눈으로 정의하라

자연은 깊고 광활해서 아직 인간이 모르는 세계가 존재한다. 이를 간파한 연암은 이런 말을 남겼다.

> "우리가 아는 것은 극히 일부에 불과하다. 날고 헤엄치고 달리고 뛰는 동물들 중에는 아직 이름이 알려지지 않은 것이 있다."

마찬가지로 산과 물, 나무와 풀 중에서도 우리가 짐작할 수 없을 정도로 신비로운 존재가 꼭 있게 마련이다. 주변에 있지만 아직 발견하지 못한 것들의 존재를 느끼려면, "내가 바라보는 세상은 나의 눈으로 정의한다."라는 마음을 지녀야 한다. 세상과 타인에게 휘둘리지 않는 자신만의 고유한 시선을 가진 사람만이 아직 발견하지 못한 신비로운 존재를 찾아낼 수 있기 때문이다.

4. 매일 새롭게 눈을 떠라

이 과정을 통해 매일 새로운 하루를 시작할 수 있을 것이다. 같은 곳에 머물러도 늘 다른 것이 보이기 때문이다. 주어진 환경이나 상황은 인간에게 그리 중요한 역할을 하지 않는다. 연암도 이에 동의하며 이렇게 말했다.

> "썩은 흙에서도 버섯이 무럭무럭 자라고, 썩은 풀이 반딧불이로 변하기도 한다."

모든 존재는 나름의 가치가 있으며, 역할을 어떻게 정하느냐에 따라서 가치가 달라진다. 가치는 가능성 안에서 더 아름답게 피어나는 꽃이니까.

하늘과 땅이 아무리 오래되었다고 하더라도
끊임없이 새로운 생명을 낳는다.
해와 달이 아무리 오래되었다 하더라도
그 빛은 날마다 새롭다.

❖　　　아무리 나이가 들었어도 매일 새롭게 태어날 수 있다면 우리는 자신에게 주어진 시간을 최대한 활용해 더욱 성장할 수 있다. 배움의 목적을 세상과 타인을 위한다는 신념에 두고, 말과 그림으로 미처 표현하지 못한 자연을 찾아내 당신의 언어와 그림으로 보여주면 된다. 그렇게 자연이 깊은 만큼 우리의 학문도 깊어진다.

삶을 지탱할 철학을 창조하는 연암의 질문법

"삶이 지루해, 늘 같은 나날의 연속이잖아."

"뭐 새로운 일이 없을까? 해외로 나가볼까?"

"이민이라도 가면 다른 세상을 만날 수 있을까?"

많은 이들이 나이 오십을 앞두고 자주 하는 생각이다. 지루한 현실을 마주하며 자꾸만 살아본 적도 없는 다른 곳으로 떠나고 싶어 한다. 그 마음을 이해하지 못하는 바는 아니다. 연암이 살던 시대에도 다르지 않았다. 재미있는 에피소드를 하나 소개한다.

연암이 자신의 대표작 《열하일기》를 쓰던 시기에 중국을 방문한 많은 여행자가 코끼리를 구경하고 돌아왔다. 연암도 마찬가지였다. 그러나 연암이 보통의 여행자들과 결정적으로 다른 점이 하나 있었는데, 코끼리를 그저 눈으로 보기만 하는 데서 그친 게 아니라는 사실이다. 보통의 여행자들은 "뭐 특별한 게 있겠어?", "코끼리가 그게 그거지!"라는 생각에 '코끼리'라는 존재를 가볍게 바라보며 스쳐 지나갔다. 하지만 연암은 같은 코끼리를 봐도 전혀 다른 부분을 발견했다. 먼저 코끼리를 전체적으로 관찰한 그는 '코와 송곳니(상아)'를 현실의 문제로 확장해서 이전에는 없던 글과 철학을 하나 완성했다.

이 에피소드의 핵심은 바로 '연암의 질문법'이 매우 특별했다는 사실이다. 참으로 신기한 사실은 그가 당시 주변에 대화를 나눌 사람도 없었으며, 굳이 질문을 나눌 사람을 찾지도 않았다는 것이다. 그렇다. 그는 자신에게 질문한 것을 스스로 사색을 통해 답하며, 하나의 철학으로 완성하는 방식을 택했다. 문답을 구성한 텍스트만 나열하면 이렇다.

"이빨을 준 것은 누구인가?"
"하늘이 주었을 것이다."
"하늘은 왜 이빨을 준 것인가?"
"음식물을 씹을 때 편하게 하려고 그랬다."
"음식물을 씹도록 한 이유는 또 무엇인가?"

이제 답이 조금씩 길어지면서 하나의 철학이 그 모습을 보이기 시작한다. 그 부분을 의식하며 다음 문답을 읽어보자.

"그것이 바로 세상이 돌아가는 이치다. 새나 짐승에게는 손이 없으니, 부리나 주둥이를 숙여야 비로소 음식을 먹을 수 있다. 예를 들어 학은 다리가 길어서 목이 길 수밖에 없다. 그래야 부리가 땅에 닿을 수 있기 때문이다."

"그렇지 않다. 그건 개나 소 그리고 말에게나 해당되는 사항이다. 좋다. 그 논리를 그대로 따르자면, 저 코끼리는 왜 아무런 쓸모도 없는 송곳니를 갖고 있는 건가? 고개를 숙이면 송곳니가 먼저 닿으니 음식물을 씹는 데 방해만 되지 않겠는가!"

"음식물의 섭취는 긴 코의 도움을 받으면 된다."

"상식적이지 않다. 긴 송곳니를 주고서 코의 도움을 받으라고 하는 것보다는, 송곳니를 없애고 코를 짧게 하는 것이 효율적인 게 아닐까?"

이것이 연암이 코끼리를 보며 자신과 치열하게 나눈 대화의 전문이다. 질문과 답을 통해 순식간에 이뤄진 대화다. 그 과정을 하나하나 뜯어보면 이렇게 4단계로 구분할 수 있다.

1. '코끼리'라는 대상을 관찰하며 다른 동물에게는 없는 특성을 파악한다. 그것이 바로 '코'와 '송곳니'의 존재다.
2. 평소 자신이 치열하게 사색하던 '생산성'과 '실용성'의 시각에서 본 코끼리의 '코'와 '송곳니'라는 기관에 대한 사색을 시작한다.
3. 거기에서 나온 생각을 질문의 형태로 바꿔서 자신에게 묻고 답하기

를 반복한다. 질문의 방향과 수준에 신경 쓸 필요가 없다. 가장 진실한 질문이 새로운 답을 찾을 수 있게 돕기 때문이다.

4. 평소 고민하거나 추구하던 원칙을 더해 하나로 녹여내는 과정을 마치면, 전에 없던 세상을 바라보는 자기만의 철학이 하나 탄생한다.

오십을 전후하여 자꾸만 세상이 지루해지고 벗어나고 싶다는 생각이 드는 이유는, 세상과 사물을 바라보는 시각이 제한적으로 변하기 때문이다. 자꾸 떠나려고만 하지 말고, 지금 자신이 머무는 공간에서 새롭게 무언가를 보려고 노력해보자. 대상을 무심히 스치듯 보지 않고 충분히 관찰하며 끊임없이 "이 대상에게만 있는 특징이 무엇인가?"라는 질문에 대한 답을 구한다면, 자신에게 맞는 가장 적절한 일상의 철학을 만날 수 있다. 그럼 우리는 다시 이런 문제를 만나게 된다.

"본질을 발견하려면 어떤 질문을 던져야 하나?"

중요한 건 '질문'이다. 변화와 창조 그리고 모든 철학은 질문에서 시작하기 때문이다. 이에 연암은 《연암집》燕巖集 〈영재집서〉泠齋集序에서 '본질을 발견하는 질문력'을 가지려면 어떤 시각을 지녀야 하는지 선명하게 알려준다.

여기 두 사람이 있다. 한 사람은 돌을 다듬는 사람이고, 다른 한 사람은 돌에 글씨를 새기는 사람이다. 먼저 돌을 다듬는 사람이 자랑스럽게 자신의 생각을 말한다.

"세상의 물건 가운데 돌보다 단단한 것은 없지. 그러나 나는 그 단단한 돌을 베고 자르고 깎아서 마침내 무덤 앞에 세워서, 영원히 없어지지 않도록 만들었다네. 그러니 이 모든 것이 바로 나의 공이지."

그러나 돌에 글씨를 새기는 사람은 이렇게 응수하며 자기 일의 가치를 피력한다.

"아니지, 가장 오랫동안 닳아 없어지지 않게 하려면 글자를 새기는 것보다 좋은 방법은 없다네. 군자가 위대한 인물의 훌륭한 행적에 대하여 아무리 멋진 글을 썼다고 하더라도, 내가 하나하나 돌에 새기지 않는다면 그 커다랗고 무거운 돌을 대체 어디에다 쓰겠는가?"

연암은 이어지는 이야기를 통해 "세상에 무엇이든 영원한 것은 없다."라는 식으로 결론을 맺는다. 하지만 나는 연암이 숨겨놓은 이야기 속의 다른 가치를 발견했다. 그것은 바로 이 질문이다.

"돌을 쪼개서 글을 새길 수 있었던 것은 과연 누구의 덕인가?"

그렇다. 바로 돌에 새길 정도로 멋진 일을 해낸 '한 사람의 인생'이 있었기 때문에 돌을 쪼갤 수도, 거기에 글을 새길 수도 있었던 것이다. 사람이 없었다면 아무런 일도 일어나지 않았을 것이다.

"이것은 어디에서 나온 건가?"

이처럼 우리는 모든 현재의 본질을 끄집어낼 수 있는 질문을 통해 영원한 것을 볼 수 있는 지혜를 스스로 깨달을 수 있다.

> 돌을 쪼개서 글을 새길 수 있었던 것은
> 과연 누구의 덕인가?

❖ 　한 사람이 최선을 다해 평생을 살지 않았다면 멋진 글을 새긴 그 돌은 그 자리에 서 있을 수 없었을 것이다. 세상 모든 일이 같은 원리로 움직인다. 창조자는 소비자들에게 물건과 콘텐츠를 팔아서 돈을 번다. 시간이 흐르면 자신이 잘해서 성장했다고 생각하지만, 지혜롭게 생각하며 성장을 멈추지 않는 사람들은 늘 본질을 잊지 않는다. 그들은 소비자가 있었기에 돈을 벌 수 있었고, 더 나은 콘텐츠를 창조하려고 노력할 수 있었다는 소중한 사실을 알고 있다.

파생체에서 벗어나
본체에 접근하라

평소에 자주 접하는 익숙한 사물과 상황에서 새로운 무언가를 찾으려면, 다른 시선으로 최대한 빠르게 현상을 뒤집어 볼 수 있어야 한다. 그렇다고 특별한 능력이 필요한 일은 아니다. 연암과 마찬가지로 사물을 새롭게 바라보는 사람들의 공통점은 "어디에서든 내가 원하는 것을 찾을 수 있다."라는 강력한 믿음이 있다는 것이다. 이미 수많은 사람이 알고 있거나 익숙한 것들 사이에서, 완전히 다른 것을 볼 수 있고 찾을 수 있다는 믿음이 그들에게 새로운 영감을 선물해주는 셈이다.

연암이 제자 이서구李書九를 위해 《녹천관집》綠天館集 서문에 이런 글을 남겼다.

"비슷한 것을 찾으려는 시도 그 자체가, 이미 스스로 자신이 진짜가 아니라는 것을 증명하는 것이다."

그가 남긴 유명한 말 가운데 하나인 "비슷한 것은 가짜다"(구사자비진야求似者非眞也)라는 말이 바로 여기에서 나왔다. 모두가 이미 어느 정도 알고 있는 비슷한 것을 만들려는 그 마음과 시도에는 이미 "나는 가짜를 만들고 있다."라는 마음이 녹아 있다는 것이다. 처음부터 다른 것을 창조하려는 마음이 아닌, 비슷하게 흉내를 내려는 마음으로 시작한 일이라서 그렇다. 그래서 연암은 비슷한 결과를 내는 모든 것은 가짜일 수밖에 없다고 생각했다.

연암이 그토록 진짜를 추구했던 이유는, 완전히 새로운 것을 찾겠다는 시도와 태도가 아니라면 사물과 현상의 본체로 접근할 수 없다고 생각했기 때문이다. 누군가 변주한 상태의 것에만 환호하면 변주 이전의 단계, 곧 본체가 어떠했는지 도저히 짐작할 수 없다. 연암은 중심을 바라보지 않고, 껍데기에 환호하는 삶과 시선을 경계했다.

본체로 접근해서 얻을 수 있는 결과와 힘을 음악에 빗대어 설명하면 이렇다. 우리가 흔히 말하는 '즉흥곡'은 즉흥적인 악상을 소품 형식으로 쓴 악곡을 말한다. 하인리히 마르슈너Heinrich Marschner가 최초로 작곡한 것으로 알려졌으며 우리가 익히 아는 슈베르트와 쇼팽이 많은 즉흥곡을 남겼다. 즉흥곡을 쉽게 한 문장으로 설명하면, '순간적으로 떠오른 악상을 즉흥적 인상으로 잡아 꾸며진 기악곡'이라고 말할 수 있는데, 여기에 중요한 체크포인트가 있다. 모든 곡이 다 그렇겠지만 쇼팽의 즉흥곡은 특히 한 음만 틀리게 연주해도 티가 날 정도로 매우 정교하게 구성된 곡이다. 일단 그 사실을 염두에 두고 즉흥곡이라는 본체에 접근하기 위한 하나의 중요한 사실을 정리해보자.

즉흥곡을 쓸 정도로 실력을 갖췄다는 것은 반대로 그가 즉흥적이지 않고 매우 분석적이라는 사실을 증명하는 것이다.

즉흥곡을 자주 만들고 연주하는 사람은 결코 즉흥적이지 않다. 스치듯 흘러가는 영감을 붙잡아 쉽게 완성한 곡이 아니라, 그 짧은 순간에 머릿속에서 수많은 음악적 회로를 돌려서 깊은 분석과 연구를 통해 완벽한 하나를 만든 것이기 때문이다.

그 사실을 증명하듯 연주자로서 모차르트는 즉흥 연주를 많이 했다. 간단하게 표현된 노트에는 그냥 기본 멜로디를 표기한 것일 뿐, 본인이 연주할 때는 그것을 바탕으로 멜로디를 즉흥적으로 덧붙여서 화려한 애드리브를 펼쳤다. 실제로 모차르트에게 음악을 배운 제자들이 스승의 연주를 들리는 대로 적어놓은 악보가 지금까지 전해지는데, 음표가 정리할 수 없을 정도로 엄청나게 많다는 데서 그것이 사실임을 확인할 수 있다. 또한 모차르트의 악보는 고치거나 수정한 흔적이 거의 없다. 여기에서 우리는 드디어 본체에 접근할 최고의 사색할 거리를 발견할 수 있다.

"모차르트가 근사한 즉흥곡을 많이 창조할 수 있었던 것은 한마디로 머릿속에 있는 걸 그대로 옮길 수 있었기 때문이다."

그렇게 우리는 즉흥곡을 잘 쓰는 사람은 구상력이 뛰어난 사람이라는 공식을 만들 수 있다.

이번에는 다른 곳에서 예를 찾아보자. 내가 운영하는 커뮤니티의 회원이 100명이라고 치고, 전체 공개로 '문명의 진화'나 '고독의 탄생'을 제목으로 글을 쓰면 아마 조회 수가 10도 나오지 않을 것이다. 놀랍게도 아무도 읽지 않을 수도 있다는 사실을 그간의 경험으로 잘 알고 있다. 그러나 내가 만약 '마음을 훔치는 카피를 만드는 일곱 가지 비밀'이나 'BTS 음악에 숨겨진 트렌드 창조의 기술'을 제목으로 쓴다면 100명의 회원이 여기저기에 글을 공유해서 조회 수가 1만 회를 넘을 수도 있다.

'문명의 진화'나 '고독의 탄생'을 읽은 열 명과 '마음을 훔치는 카피를 만드는 일곱 가지 비밀'이나 'BTS 음악에 숨겨진 트렌드 창조의 기술'을 읽은 1만 명에게는, 대상을 대하는 어떤 시각적 차이가 있을까? 과연 사물과 사건의 본질에 접근할 능력을 누가 지닐 가능성이 클까?

정리하자면 세상에는 두 가지 텍스트가 있다. 하나는 모든 영역을 대표하는 '본체'本體, 그리고 다른 하나는 근원이 되는 본체에서 갈라져 나온 개체인 '파생체'派生體가 바로 그것이다. 그러나 대다수 사람들은 본체의 능력을 가지고 싶다는 욕망이 있으면서도 늘 파생체를 선택해서 즐긴다. 앞서 말한 두 종류의 글에서 그 주제가 바로 그것을 증명한다. 창조가 아닌 소비의 주체가 되어 살아가는 것이다.

- 문명의 진화를 충분히 이해한 사람이,

- 고독한 시간을 효과적으로 활용해서,

- 트렌드를 선도할 흐름을 파악하며,

- 사람의 마음을 흔들 카피를 쓸 능력을 갖게 되는 것인데,

– 다수는 본체를 강렬하게 원하면서 파생체를 선택해서,

– 생산하는 것 없이 시간만 낭비하며 살고 있다.

이를테면 하루 3시간 수면을 실천하는 나에게 사람들은 놀라서 묻는다.

"어떻게 3시간만 잘 수 있나요?"

이렇게 묻는다면 그건 본체에 접근하지 못한 파생체로 구성한 텍스트에 불과하다.

"무엇이 당신을 3시간만 자게 만드나요?"

이렇게 물을 수 있다면 이야기는 달라진다. 그 힘의 근본인 본체 텍스트가 나올 수 있기 때문이다. 세상은 온갖 종류의 파생체 텍스트로 가득하다. 예능도 그렇고 온갖 책과 강연도 마찬가지다. 그것은 먹기 좋은 음식이지만, 입에 넣으면 단맛만 나서 금방 질리고 다른 곳에 사용하기 힘든 텍스트일 가능성이 크다. 이미 수없이 파생된 텍스트를 다시 파생하는 것은 굳이 시간을 투자할 정도의 가치가 없는 일이기 때문이다. 우리는 늘 본체에 접근해야 한다. 그래야 어떤 분야에서든 최초가 될 수 있다. 최초가 되고 싶다면 그 근사한 사실을 잊지 마라.

비슷한 것을 찾으려는 시도 그 자체가,
이미 스스로 자신이 진짜가 아니라는 것을
증명하는 것이다.

❖ 　　　크게 의심하면 크게 깨닫는다. 천자문千字文을 처음 대할 때 자신의 생각이 분명하며, 동시에 사물을 스스로의 눈으로 바라보는 사람은 처음 한 줄만 읽어도 의문을 제기한다.

"天地玄黃"(하늘 천, 땅 지, 검을 현, 누를 황), 이것은 어려운 한자가 아니어서 쉽게 해석이 가능하다. "하늘은 위에 있어 그 빛이 검고, 땅은 아래 있어서 그 빛이 누르다."는 말이다. 그러나 여기에서 위에 제시한 두 가지 능력을 지닌 아이(사람)는 바로 이렇게 응수할 수밖에 없다.

"하늘은 이렇게 푸르고 또 푸른데, 왜 자꾸 검다고 말하는 거죠?"

연암이 살던 시대에도 그런 아이가 있었으니 "하늘은 푸른데 '하늘 천' 자는 푸르지 않아서 공부하고 싶지 않아요."라고 말했다. 이에 연암은 그 아이가 한자를 창조한 창힐蒼頡을 굶겨 죽이겠다며 경탄했다.

연암이 감탄한 이유는 아이의 말이 그저 상대방이 틀린 부분을 발견한 데서 그치는 것이 아니라, 또 하나의 언어를 창조한 것과 같기 때문이다. 바로 자신만 사용할 수 있는 언어를 통해 그 아이는 평생 멈추지 않고 거듭 성장하게 될 것이다.

지성의 경계에 서는
삶의 가치

●　　연암은 굳이 멀리 떠나지 않고도 자신이 사는 동네에서 삶에 바로 도움이 될 것들을 발견했다. 그럴 수 있었던 힘은 어디에서 나왔던 걸까? 바로 이것이다. '주변에 존재하는 만물을 텍스트로 변환해서 마음에 담기.' 이게 과연 무슨 말일까? 그가 쓴 수많은 글이 이미 그것을 증명하고 있지만, 유독 〈답경지지이〉答京之之二에 쓴 이 글이 그의 능력을 가장 선명하게 보여준다. 나는 그가 이 글을 마치 시를 쓰듯 세심하게 적었다고 생각하므로 시처럼 편집해서 소개해본다.

"이른 아침에 일어나니

푸른 나무 그늘이 근사한 숲에서

새들이 저마다 깊고 넓게

자신의 소리를 내며 울고 있었다.

그때 부채를 들어 책상을 치며

나는 크게 외쳤지.

이것이야말로 '날아가고 날아온다'라는 글자요,

'서로 울고 서로 화답한다'라는 글을 말하는 것이다.

내게 찾아온 갖가지 색을 문자라고 한다면

그것보다 더 나은 문장은 없을 것이다.

오늘도 나는 다시 볼 수 없는 글을 읽었다."

그는 이처럼 눈만 뜨면 보이는 모든 이미지와 풍경에서 텍스트를 발견했다. 마지막 문장 '오늘도 나는 다시 볼 수 없는 글을 읽었다'는 그래서 더욱 중요한 의미를 지닌다. 자연을 그저 보이는 대로 느끼며 그 안에 녹아 있는 수많은 생의 기록을 들춰서 볼 수 있다면, 그 사람은 인간이 배우는 방식으로는 도달할 수 없는 지상의 모든 깨달음을 스스로 익히게 될 것이다. 한 해 한 해 나이만 먹는다는 생각에 초조한 마음이 앞서는 사람이라면, 듣기만 해도 탐나는 능력이 아닐 수 없다. "대체 그런 삶에 근접하려면 어떻게 해야 하나?"라는 질문에 연암의 삶은 오히려 우리에게 이렇게 되묻는 듯하다.

"그대는 다른 사람의 입장을 가슴에 품을 수 있는가?"

쉽게 답하기 힘들 것이다. 그 질문이 무엇을 의미하는지 이해하는 것조차 수월한 일이 아니기 때문이다. 일단, 우리의 일상으로 돌아가 생각해보자.

"왜 이렇게 다닐 만한 회사가 없냐!"

"도대체 회사가 왜 다 이 모양이야!"

이렇게 취업할 만한 좋은 회사가 없다는 현실을 비판하는 구직자도 반대로 막상 한 회사의 대표가 되어 직원을 뽑는 입장이 되면, 얼마 지나지 않아 생각이 바뀐다.

"왜 이렇게 뽑을 사람이 없냐!"

"대체 저런 사람에게 월급은 왜 줘야 하는 거야!"

이런 현상은 세상 어느 곳 어느 현장에서도 빈번히 일어나는 자연스러운 모습이다. 서 있는 곳이 바뀌면 생각도 바뀌고, 동시에 자신을 구성하는 모든 관념과 시각까지 바뀐다. 그래서 반대편을 비난하던 사람도 그 반대편의 입장이 되면 생각을 바꿔 옹호하게 된다. 이유가 뭘까? 이익을 위해 금방 생각을 바꿀 정도로 못된 사람이라서 그럴까? 아니다. 물론 그런 사람도 간혹 있겠지만, 이유는 다른 데 있다.

"그 사람의 입장을 이해하게 되었기 때문이다."

그럼 우리는 다시 이렇게 생각해볼 수 있다. 꼭 그 입장에 서지 않더라도 다른 입장을 이해할 수 있다면 우리 삶이 얼마나 아름답게 변할까. 이해할 수 있는 사람이 많아진다는 것은 생각 이상으로 대단한 변화를 몰고 올 수 있다. 이유 없이 싸우고 비난하고 다투는 모습은 사라지고,

너무 멀지도 너무 가깝지도 않은 거리에서 서로의 균형을 맞추면서 살아가게 된다. 그게 바로 연암이 추구하던 '지성의 경계에 선 삶'이다. 이곳에 앉아서 먼 곳의 이야기를 짐작할 수 있는 사람은 모든 것을 이해하기에 다툴 이유가 없어 공존하며 더욱 빛나는 삶을 살 수 있다. 그들의 삶은 그래서 언제나 고요하다. 우리의 삶이 고요하지 않을 이유가 없음을 알기 때문이다.

지성의 경계에 선다는 것, 그리하여 어느 곳에도 자유롭게 갈 수 있다는 사실은 무엇을 의미하는가? 세상에는 각자 자기 생각을 주장하며 "너는 어느 편이냐?"라고 묻는 무리가 있다. 총 다섯 개의 무리가 있다고 치면, 누구든 다섯 개 중 하나에 들어가서 그 무리가 주장하는 생각을 억지로 추구하며 살아야 한다. 그러나 연암의 일상은 강력한 어조로 이렇게 외친다.

> "나는 어느 곳에도 속할 생각이 없다. 아니, 도저히 그럴 수가 없다고 말하는 것이 옳으리라. 다섯 개의 무리에 각각 내가 옳다고 생각하는 것이 존재하고, 내가 좋아하는 사람도 어느 한 무리에 집중된 것이 아니라 각각의 무리에 골고루 분산되어 있기 때문이다."

그것이 바로 지성의 경계에 서는 삶이다. 하나를 추구하지 않고 자신이 옳다고 생각하는 것을 어느 쪽에서도 자유롭게 끄집어낼 수 있는 삶이 우리를 끝없이 새롭게 한다.

모든 것의 경계에 서 있기에 언제든 모든 것을 담을 수 있고, 동시에 빠르게 움직이는 만물의 이치를 차분한 눈으로 관찰하며 측정할 수 있다. 그들은 매일 바다를 오가는 수억 개의 파도에서 그중 하나만 빼서 잠시 쉬게 할 수는 없다는 사실을 안다. 파도는 아무리 힘들어도 사라질 때까지 함께 바다를 오가야 한다.

자연과 우리의 삶도 마찬가지다. 하나를 바꾸려면 지금까지 지속한 수백 개의 시스템을 통째로 바꿔야 한다. 그걸 이미 이해한 사람은 결코 하나만 주장하며 모든 것을 바꾸라고 외치지 않는다. 수백 개의 시스템이 동시에 움직이는 모습이 눈앞에 그려지기 때문이다.

다른 사람의 입장을 가슴에 품을 수 있다는 것은 그런 것이다. 내 이익만 좇는 마음을 버리고 맑은 영혼으로 조금씩 다가가면 누구나 그 뒤에 혹은 중심에 녹아 있는 다른 존재의 가치를 볼 수 있다. 그때 비로소 세상 그 어떤 작은 존재도 결코 혼자 설 수 없음을 깨닫게 된다. 그리고 그렇게 그들은 가장 먼저 자신이 변해야 한다는 사실을 알게 된다. 모든 아름다운 변화는 언제나 자기 자신에게서 시작한다.

다섯 개의 무리에 각각
내가 옳다고 생각하는 것이 존재하고
내가 좋아하는 사람도 어느 한 무리에 집중된 것이 아니라
각각의 무리에 골고루 분산되어 있다.

❖　　어떤 경우에도 상대를 향한 미움은 문제를 해결하는 방법이 아니다. 분노와 미움에는 그럴 만한 힘이 없으니까. 나는 복수를 다짐하는 사람을 많이 봤다. 하지만 성공한 사람은 별로 본 적이 없다. 나쁜 마음은 그 사람의 다짐을 끝까지 갈 수 없게 하기 때문이다. 다른 한 사람의 입장을 이해한다는 것은 하나의 세상을 가슴에 품는 것과 같다. 방법은 이미 그대 안에 존재한다. "진심으로 다가가면 이해하게 되고 이해하게 되면 짐작할 수 있게 되나니." 그렇게 사람들은 어디에 서 있어야 가장 아름답게 빛날 수 있는지 서로의 적절한 거리를 알게 된다.

배움을 향한
간절한 마음

연암에게 공부는 아침에 일어나 눈을 뜨는 것처럼 자연스러운 일상이었다. 눈과 귀 그리고 촉각으로도 남들이 발견하지 못하는 것들을 찾았으며, 그것을 다양한 분야에서 매우 생산적으로 활용했다. 지식을 대하는 그의 마음은 어떠했을까? 이에 연암이 지식을 향한 간절한 마음을 고백해놓은 글이 있다. 이해하기 쉽게 정리하면 이렇다.

"이익을 기준으로 사람을 사귀면 지속되기 어렵고
거짓으로 사귀면 오래가지 못하는 법이다."

관계에 대한 정의라고 생각할 수도 있으나 깊이 들어가서 문장을 살펴보면 다른 지점을 만날 수 있다. 바로 '사람'을 '배움'으로 바꿔서 읽어도 의미가 통한다는 사실이다. 그는 배움에 앞서 이익을 얻으려는 마음과 거짓된 것을 추구하려는 마음을 버렸다. 그런 의미에서 이 문장은 그의 삶을 관통하는 표현이라고 할 수 있다. 지식을 대하는 그의 마음은 매우 단순하며 모두가 알고 있는 뻔한 조언처럼 들리지만, 전혀 그렇지 않다는 사실을 깨달아야 비로소 그의 삶에 조금 더 다가갈 수 있다. 표현 하나하나 의미 하나하나를 따져보면 우리가 왜 연암과 달리 일상에서 혹은 주변 사람에게서 배우지 못하는지 그 이유를 깨달을 수 있다.

연암의 조언을 일상에서 실천하려면 어떻게 해야 할까? 소크라테스가 말했던 것처럼 "나는 내가 아무것도 모른다는 것을 안다."라는 태도가 필요하다. 그래야 더 간절한 눈빛으로 주변을 바라보며 배울 것을 찾을 수 있다. 물론 자신의 무지를 깨닫는 것은 매우 어려운 일이다. 그래서 더욱 연암이 남긴 간절한 마음에 접속하려면, 스스로 자신의 무지를 자각하는 단계에 도달해야 한다. '나는 모른다'라는 겸손한 태도를 겸비해야 비로소 모든 공부의 기술을 활용할 수 있기 때문이다. 그게 모두 가능한 수준에 이르면 이제 가장 고난도의 능력이 필요한데, 그것은 바로 '자신의 감정을 제어하는 능력'이다.

모든 사람과 자연에서 배우는 법을 깨우치는 일은 그리 어렵지 않다. 다만 자신의 감정을 추스를 줄 아는 자만이 가능하다. 의식 수준을 평균 이상으로 올려야 자연스럽게 일상에서 모든 이에게 배움을 얻을 수 있다. 마음먹는다고 절로 되는 것은 아니다. 인간은 자꾸만 나쁜 상상을 하며 스스로 자신의 감정을 안 좋은 쪽으로 끌고 가기 때문이다.

"이걸 배워서 과연 쓸모가 있을까?"

"저 사람에게 나를 가르칠 자격이 있나?"

"내가 나이도 많고 경험도 훨씬 풍부한데!"

이처럼 아무리 배워도 삶이 나아지지 않는 사람의 특징은 어리석게도 자신을 가르치는 자의 결점을 곱씹어 생각한다는 데 있다. 이런 비생산적인 굴레에서 벗어나려면 다음의 글을 일상에서 실천해야 한다.

> "나를 가르치는 자의 업적을 생각하면 그에게 그걸 이룬 근원적 힘을 배울 수 있다. 비록 적이라도 그의 업적을 거듭 생각한다면 그에게도 우리는 장점을 배울 수 있다."

그러나 연암이 말했듯 대부분 인간은 어리석게도 가장 가까운 사람에게서도 나쁜 부분을 보려고 곱씹어 생각한다. 그렇게 해서 얻는 것이라곤 하나도 없음에도 말이다. 사회적 지위를 따지지 않고 진심으로 존경하고 지식을 얻으려는 마음이 진실하지 않다면 애초에 불가능한 이야기다.

그래서 "누구에게나 배워야 한다.", "초등학생에게서도 배울 것이 있다."라고 말하기는 쉽지만 실천하는 것은 결코 쉬운 일이 아니다. 인간은 가르침을 받기보다는, 가르치고 싶다는 욕망에 자주 빠져 흔들리기 때문이다. 더구나 우리는 간혹 이런 착각을 한다.

"내가 입을 열면 상대는 들어야만 한다."

그러나 당신의 입이 말할 준비를 마쳤다고 해서 그것이 상대가 들을 준비가 된 것을 의미하지는 않는다. 또한 당신이 보여주고 싶은 것과 그들이 보려는 것이 일치할 거라는 생각은 헛된 욕망과도 같다. 그런 일은 좀처럼 일어나지 않으니까.

"무엇을 말하고 싶은가?"

"어떤 것을 그에게 주장하고 싶은가?"

그럼 먼저 당신이 말하려는 내용에 주목하라. 입으로 말하지 말고, 말하려는 대상을 오랫동안 주목해서 바라보며 실천하는 모습을 보여줘라. 그 시간을 통해 그들은 당신이 무엇을 말하려는지 아주 천천히 깨달을 것이다. 그렇게 하나의 이해란 우리에게 매우 느리게 오는 손님과도 같으니, 서둘러 상대를 이해시키려고 하지 말자. 세상에 그 누구도 이해당하려는 사람은 없다. 간절하지 않으면 백 개를 배워도 하나도 마음에 남길 수 없다. 간절하지 않은 마음은 지식을 담지 못하기 때문이다. 그 귀한 배움의 과정을 거쳐야만 진실을 깨닫게 된다.

나를 가르치는 자의 업적을 생각하면

그에게 그걸 이룬 근원적 힘을 배울 수 있다.

비록 적이라도 그의 업적을 거듭 생각한다면

그에게도 우리는 장점을 배울 수 있다.

❖　　　땅은 소유한 사람이 아닌, 그 땅을 걷는 자가 진정한 주인이다. 음악을 만든 사람이 아닌, 그 음악을 즐기는 자가 진짜 주인이다. 공부도 마찬가지다. 지식을 머리에 주입하는 사람이 아닌, 지식을 일상에서 활용하며 즐기는 자가 그 지식의 진정한 주인이다.

씨앗을 뿌리는
사색가가 되어라

아무리 좋은 음식을 먹어도 몸이 제대로 분리하고 처리하지 못하면, 결국 음식은 성장을 위한 자양분이 되지 못하고 오히려 버려지거나 몸을 상하게 한다. 몸에 좋은 영향을 주려고 먹은 음식이 오히려 그 사람을 죽이는 도구로 쓰이는 셈이다. 그렇게 때로 좋은 음식도 나쁜 독이 될 수 있다.

일상에서 받아들이고 마주치는 온갖 정보도 마찬가지다. 이를테면 우리는 세상이 좋다고 추천하는 책을 찾아 읽지만, 그 결과와 가치가 기대한 대로 나오는 것은 아니다. "일단 좋은 책이니 읽으면 도움이 되겠지?"라는 근거 없는 짐작은 매우 위험하며 동시에 순진한 생각이다. 좋은 음식이 저절로 몸에 영양을 공급하는 것이 아닌 것처럼, 책에서 읽은 온갖 생각과 정보도 자신과 상황에 맞게 분류하고 정리하는 안목이 있어야 효과적인 독서를 할 수 있기 때문이다. 그런 능력이 없는 자의 공부와 독서는 오히려 자신을 망치는 결과를 초래할 뿐이다.

> 가난에 얽매이지 않고 도를 즐기며 살아가려고 했지만, 막상 가난하니 가난이라는 놈에게 신경을 쓰지 않을 수가 없다.
> 마누라 바가지에 글을 쓰려는 의지도 사라지고, 먹지 못해 굶주린 자식들에게는 조언을 전할 명분이 서지 않아 엄하게 교육하지도 못하겠다.
> 삶이 이러니 꽃과 나무까지 모두 쓸쓸해 보이고, 시를 쓰고 글을 읽는 것도 모두 부질없는 일처럼 느껴진다.
> 저기 부잣집 울타리 아래에 아무리 곡식이 쌓이면 무엇 하나, 가난한 내게는 그저 만질 수 없는 남의 것일 뿐인데.

다산茶山 정약용丁若鏞의 〈탄빈〉歎貧이라는 시를 현시대에 맞게 편집했다. 그 시절 쓰라리고 아픈 다산의 마음이 고스란히 느껴진다. 결국 모든 인간의 가치와 이념은 현실을 벗어나기 힘들다. 가난한 삶에 구애받지 않고 자유로운 삶과 기쁨만을 누리며 살겠다는 말은 쉽게 할 수 있지만, 다산의 말처럼 현실에서는 그런 뜻을 펼치기가 쉽지 않다. 글쓰기와 독서를 평생의 사명처럼 반복한 그에게도 가난은 쉽게 뿌리칠 수 있는 적이 아니었다.

중요한 지점이다. 가난이든 실패든 온갖 힘든 것들이 주는 유혹에 넘어가기 시작하면, 그간 배웠던 좋은 지식이 오히려 나쁜 독으로 작용하게 된다. 많이 배웠지만, 그것을 잘못된 곳에 사용해서 잘못된 삶을 사는 것이 대표적인 모습이다. 그런 삶을 원치 않는다면 사색이 필요하다. 우리는 사색을 통해 정보를 그저 쌓는 것이 아니라 필요한 일상의 곳곳에 씨앗을 뿌리듯 적절히 배치하기 때문이다.

사색가는 씨앗을 뿌리는 사람이다. 다만 열매를 탐하지는 않는다.

사색가는 자신이 뿌린 그 씨앗이 성장해서 열매를 맺으면 그게 무엇인지만 확인하고, 정작 열매는 필요한 사람에게 나눠준다. 그리고 그들은 다시 다른 씨앗을 뿌리고 자기 방식대로 키운다. 쉽지 않은 그 일상을 반복하는 그들은 세상에 없는 것들을 만들어 봉사하는 삶을 산다. 그래서 그들은 어떤 유혹 앞에서도 자유롭고, 사색가의 고귀한 마음과 자세로 책을 읽고 사물을 바라보며 절로 좋은 것을 발견하고, 연암처럼 이것과 저것을 연결하는 능력을 갖춘다. 이유는 간단하다. 세상에 도움을 주려는 그 마음이 그 귀한 능력을 강력하게 부르기 때문이다. 이 모든 글을 연암의 생각으로 압축하면 이렇다.

"어느 바람에도 얽매이지 않는 그대 삶의 사색가가 되어라."

하나 묻는다.

"세상에서 가장 넓고 깊은 공간은 어디일까?"

거대한 산맥과 강 그리고 드넓게 펼쳐진 수평선을 모두 담을 수 있는 공간이 세상에 있을까? 이에 연암은 이런 지혜로운 답을 내놓는다.

> "비록 하늘과 땅이 크고 넓다고 하지만 눈구멍과 귓구멍보다 크고
> 여유로울 수는 없지. 누구의 몸이든 눈구멍과 귓구멍에 충분히 넣
> 을 수 있으니까."

이게 과연 무슨 말일까? 쉽게 설명하면, 우리가 보고 듣고 느낀 것은 결국 내면이라는 드넓은 공간에 차곡차곡 쌓여 바뀌지 않는 그 사람의 천성이 된다는 말이다. 그래서 아침에 눈을 뜨면서 우리는 무엇을 보고 살아야 하는지 제대로 구분하여야 하고, 무엇을 들어야 하는지 제대로 가려서 귀를 기울여야 한다. 원칙을 세워 구분하고 가리지 않으면 아무 거나 내 안에 들어와 삶을 망치기 때문이다. 귀한 것만 담고 싶다면 귀하지 않은 것을 배제할 수 있어야 한다. 삶은 그렇게 쌓이는 것이며, 쌓인 이후에는 쉽게 그 순서와 흐름을 바꿀 수 없다.

어느 바람에도 얽매이지 않는
그대 삶의 사색가가 되어라.

❖　　열매만 탐하는 삶을 살면 편법으로 가득한 삶에 익숙해진다. 잘 생각해보면, 불법보다 나쁜 게 편법과 탈법이다. 불법은 보통 돈이 없고 법을 활용하지 못하는 사람들이 저지르지만, 편법과 탈법은 부와 권력을 가진 자가 법을 악용하는 방식이기 때문이다. 이와 마찬가지로 열매만 얻으려는 생각으로 책을 통째로 암기하거나 단순히 많이 읽는 것은 아예 읽지 않는 것보다 좋지 않다. 정작 멈춰서 스스로 생각하고 철학을 키울 시간을 갖지 못하기 때문이다. 그럴 바에는 그 시간에 다른 것을 하는 편이 낫다. 가만히 앉아 있는 것보다 나은 독서를 해야 한다.

'물음느낌표'가 필요한
인생의 길

연암은 늘 '깊은 생각에서 나온 원칙 없이 세상이 정해주고 알려 준 대로만 암기하듯 살아가는 삶'을 경계했다. 무언가를 제대로 보려고 애를 썼으며, 대상의 본질에 도달하기 위해 자신의 시각을 다듬고 또 다듬었다. 다음에 소개하는 두 가지 조언을 통해 우리는 그 마음이 얼마나 뜨거운 것인지 확인할 수 있다.

> "하늘과 땅은 오래되었지만 멈추지 않고 새로운 것을 보여주고, 해 와 달도 오래되었지만 매일 그 빛이 새롭다."

대상을 쉽게 판단하지 말고 매 순간 변화하며 다른 것을 보여주는 움직임을 주의 깊게 살피라는 조언이다. 이렇듯 늘 공부하며 진실을 발견하려는 태도로 일상을 보내려면 어떻게 해야 할까? 다시 연암은 이렇게 조언한다.

> "성급한 자가 자신의 화를 풀고,
>
> 분노한 자가 그 원망을 풀고 싶다면,
>
> 통렬하게 우는 것보다 빠른 길은 없다."

진실을 보려는 마음으로 공부에 임하지 않으면, 세상에 속고 주변 사람에게 존중을 받지 못하기 때문에 성급해지며 자꾸만 분노하게 된다. 연암은 그런 상태에 빠지고 싶지 않다면 통렬하게 그런 자신을 후회하며 늘 자신의 변화를 위해 울어야 한다고 말한다. 물론 현실은 쉽지 않다. 누군가 그런 현실을 직시하며 바꾸려고 들면 세상의 온갖 반박에 막히게 된다.

"거, 그냥 대충 알아서 이해하고 지나가지!"

"뭘 그렇게 세상 빡빡하게 살아?"

"트집 좀 잡지 말자. 너는 얼마나 똑똑하다고!"

당신은 어떻게 생각하는가? 그러나 연암은 이 지점에서 바로 공부의 깊이와 내공이 결정된다고 생각했다. 그가 전하는 조언을 간단하게 정리하면 다음과 같이 말할 수 있다.

모두가 그게 맞다고 생각하며 무작정 주입할 때, 스스로 그것이 아니

라는 의심이 강하게 들면 당당하게 밝히며 자기 생각을 주장할 수 있어야 한다.

우리나라에서 세상의 반박에 굴하지 않고 자기 생각을 가장 근사하게 주장했던 사람이 바로 고故 이어령 선생이다. 그와 오랫동안 인연을 맺고 대화를 나누다가 하루는 그동안 무척 궁금해하던 것을 물은 적이 있다.

"선생님의 창조력과 상상력의 원천은 대체 무엇인가요?"

너무나 근본적이며 답하기 쉽지 않은 질문이라 큰 기대는 하지 않았지만, 그는 매우 빠르게 그러나 묵직한 음성으로 "나의 창조력은 '물음느낌표'(?+!)에 있다."라고 답했다. '물음느낌표'라는 표현은 1962년 미국의 광고대행사 사장 마틴 스펙터Martin Specter가 고안한 것이다. 이어령 선생은 이처럼 물음표와 느낌표를 오가는 삶을 살며 자신의 창조성을 발휘했다고 설명한 것이다. 이것이 그저 듣기 좋은 말이 아닌 이유가, 바로 앞서 소개한 연암의 천자문 이야기를 어린 이어령도 경험했기 때문이다.

이어령 선생은 여섯 살쯤 되던 해에 서당에 들어가 공부를 시작했다. 그런데 어린 이어령이 들어간 지 얼마 지나지 않아, 서당에서 쫓겨나는 신세가 되고 말았다. 늘 그랬던 것처럼 서당 훈장이 '하늘 천 땅 지 검을 현 누를 황'을 외우게 하자, 대번에 "왜 하늘이 검나요? 내가 보기엔 파란데요?"라고 당돌한 표정으로 물었기 때문이다. 그 길로 그는 서당에서 쫓겨났고 다시는 서당 문턱을 넘지 못했다. 그러나 그의 말은 단순한 반항이나 저항이 아니었다. 자신의 말이 정답이 아닐 수도 있다는 것을 훗날 깨닫고 반성했기 때문이다. 느낌표와 물음표를 오가는 삶을 살던 어느 날, 그는 천자문을 배우며 하늘을 검다고 표현한 이유를 이해하게 되었다며 그 순간의 깨달음을 내게 말해주었다.

"나중에 알게 되었지. 사람이 죽으면 북망산(중국의 뤄양 땅에 있는 산)에 묻히고, 하늘나라로 가지. 그 풍경을 그리며 천자문에 왜 하늘을 검다고 했는지 그 의미를 깨닫게 된 거야."

비난은 하기 쉽다. 하지만 이어령 선생처럼 무언가를 비난하려면 그것을 칭송하고 응원할 마음까지 지니고 있어야 한다. 천자문에 대한 이해를 통해 그는 과거 자신의 행동과 말을 반성하며 '세상에 변하지 않는 진리는 없다'라는 진리를 설파했다. 상식처럼 받아들여지는 것들을 다른 시각으로 보면, 얼마든지 다른 지점과 가치를 발견할 수 있다. 그러나 무언가를 배울 때 우리는 이런 이야기를 자주 하며 스스로 배움을 가로막는다.

"이거 시험에 안 나와."

"이거 배워서 나중에 뭐하게?"

그건 중요한 것이 아니다. 시각을 완전히 바꿔야 삶도 바뀐다. "이 부분은 시험에 안 나와."라는 시각이 아닌, "어떤 부분도 결국 인생에서 마주치는 힘든 순간에 힘이 될 거야."라는 시각으로 세상을 대하는 것이 바로 진실한 공부의 시작이다. 결국 우리가 배우고 보고 듣는 모든 것은 훗날 인생의 어느 순간 반드시 필요한 것들이 되어 나타난다.

무언가를 제대로 보려거든

대상을 쉽게 판단하지 말고 매 순간 변화하며

다른 것을 보여주는 움직임을 주의 깊게 살펴야 한다.

❖　　　나이 오십 즈음에 우리가 진실로 배워야 할 지식은 결코 시험에 나오는 것들이 아니다. 그걸 깨닫고 모든 지식을 평등한 시선으로 바라볼 때 우리는 그간 몰랐던 삶의 진실에 가까워질 수 있다. 간절히 바라던 행복 역시 거기에서 만날 수 있다. 한 사람의 행복 안에는 수많은 선택이 담겨 있다. 누구나 크고 작은 선택을 하며 살고 있고, 그 과정과 결과에 따라 행복도 결정된다. 그래서 누구보다 강건하고 아름답고 지적인 삶은 시험에 필요한 것들이 아닌, 삶에 필요한 것을 배우고 선택하는 일상의 반복에 있다.

제 2 장

실용의 기준이 되는
'밝은 안목'

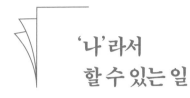

'나'라서
할 수 있는 일

"걱정이네요, 요즘 어떻게 살고 있나요?"

"휴, 앞으로 세상이 어떻게 될까요?"

코로나19가 세상을 휩쓴 이후로 더 자주 묻게 되는 질문이다. 그러나 딱히 특별한 답변을 찾기는 어렵다.

"시간이 더 지나봐야 알겠지."

"글쎄, 일단 지금처럼 살다가 뭔가 분명해지면 그때 다시 생각해봐야지."

그럼 나는 속에서 이런 질문이 올라온다.

"당신이 일하는 그 직업이 사라지면, 그때 변화에 대처한다고?"

"갈 곳 없는 신세가 된 후에 갈 곳을 알아본다고?"

물론 쉽게 답을 찾기 힘든 시대다. 그래서 깊이 사색하며 변화의 흐름을 제대로 살펴봐야 한다. 내일을 선명하게 바라보며 짐작할 수 있는 안목이 필요하다. 변화는 순간순간 대처하는 것이 아닌, 일상에서 자연스럽게 준비하며 보조를 맞춰 걷는 일이다.

변화와 함께 나란히 걸어가면 위험은 사라지지만, 변화를 놓치는 순간 우리는 짐작할 수 없는 위기를 겪는다. 변화는 언제나 그런 식으로 갑자기 우리의 삶을 잠식한다.

이전까지는 경험과 지식을 쌓는 시기라고 변명할 수 있지만, 오십 이후에는 진짜가 되어야 산다. 다양한 프레임으로 자신을 속이며 사는 것, 실력 대신 화려한 포장으로 연명하며 사는 것, 오십 이후에는 이 모든 것이 불가능할 것이다. 코로나19 사태로 변화가 갑자기 시작된 것이 아니라, 이미 변화는 진행되고 있었다. 마치 자동차를 만드는 기업이 사활을 걸고 10년을 준비한 신차를 공개하는 것처럼, 코로나19 사태가 그 변화의 위장막을 걷어내고 수십 년을 준비해 완성한 변화의 내부를 아주 조금, 그러니까 헤드라이트만 공개했을 뿐이다.

코로나19 사태가 본격적으로 시작되기 전인 2020년 1월, 나는 앞으로 쓸 책 작업을 위해 꽤 긴 기간 유럽 사색 투어를 다녀왔다. 그리고 귀국하자마자 2년 가까이 정성을 쏟았던 '김종원 갤러리'의 운영을 중단했다. "아니, 갑자기?"라고 묻는 분들에게 "고객이 자주 찾아오지도 않고 월세도 부담이 된다."라고 면피성 답변을 했지만, 사실 그것은 이미 오래전부터 준비한 자연스러운 과정이었다. 동시에 그 몇 달 동안 앞으로 3년

동안 쓸 책 10권을 가장 근사하게 만들어줄 각각의 출판사와 계약을 진행했다. 이것 역시 주위에서 볼 땐, "뭔 책을 갑자기 이렇게 많이 계약한 거야?", "거의 매일 전국으로 강연을 다니면서 다 쓸 수 있겠어?"라고 의아해할 수 있었다.

하지만 이 모든 것은 매우 자연스럽게 이루어졌으며, 갤러리도 다른 주인에게 넘겼다. 그러자 바로 다음 달에 코로나19 사태가 벌어졌고, 매일 수없이 들어오던 강연 요청이 점점 줄어들었고, 예정된 강연 역시 취소되거나 기약 없이 미뤄졌다. 내가 기다린 때가 온 것이었다. 그렇게 나는 스스로 계획한 '3년 10권 책 쓰기'에 시동을 걸어서 2020년에 총 5권의 책을 낼 수 있었고, 예정대로 2021년에는 4권을 그리고 2022년에는 나의 사색을 정리한 마지막 책을 발간했다. 이쯤에서 이런 질문이 나올 수 있다. "에이, 그건 작가님이니까 가능한 거죠. 모두가 그렇게 따라 할 수는 없잖아요." 맞는 말이다. 정말 중요한 부분이다. 사실 이 모든 것은 연암의 삶에서 찾은 "미래를 준비하라."라는 귀띔이 있었기에 가능했다. 그는 몇 년 전부터 내게 이렇게 말했다.

"누구나 할 수 있는 것을 하며 사는 삶에 안녕을 고하고, 당신이라서 가능한 것을 찾아서 시도하라."

그의 조언을 나는 오랫동안 사색하며 그 의미를 내면에 담으려고 노력했다. 그러다가 만난 문장이 바로 이것이다.

처음부터 나라서 가능한 일은 세상에 없다. 미래에 만나고 싶은 나의 모습을 먼저 설정하고, 그렇게 되려면 지금 내가 무엇을 해야 하는지 사색하자. 그리고 되려는 그 모습을 지금 살아보자.

지금으로부터 10여 년 전 나는 스스로 자신에게 이렇게 선포한 적이 있다. "앞으로 사색을 연구하며 동시에 사색 도서 시리즈 4권을 쓰자." 역시 그때도 마찬가지로, "살기도 힘든데 사색까지 해야 하나?", "사색이 좋은 것은 알지만, 제목에 사색이 들어간 책을 누가 살까?"라고 의구심을 갖는 사람이 많았다. 하지만 내게는 사색에 내 인생을 바친 분명한 이유가 있었다. 사색은 결국 고독에서 나오는 것이며 고독은 개인이 가질 수 있는 지적인 도구여서 앞으로의 세상에서 정말 중요한 역할을 하리라 생각했다. 처음에 밝혔던 것처럼 앞으로는 진짜가 아닌 사람은 살기 힘든 세상이다. 이에 '개인의 시대'가 본격적으로 시작될 것이므로 사색 도서 시리즈 집필을 시작한 것이다.

그렇게 사색의 시간을 보내며 마침내 도착한 곳이 바로 '문해력'이라는 지성의 최전선이다. 《문해력 공부》라는 책에서 밝혔지만, 문해력은 세상의 기적을 지우는 효과가 강력한 지적 무기다. 그냥 글자를 읽는 힘이 아니라, 주변에 존재하는 모든 텍스트를 읽고 자유자재로 활용하는 힘이라고 말할 수 있다. 문해력이 뛰어난 이들은 주변에서 기적이라고 부르는 결과를 일상에서 하나하나 자연스럽게 준비하며 스스로 자신만의 기적을 창조해낸다. 그들의 일상에 기적은 절대 없다. 기적은 그저 그것이 거쳐온 과정을 들여다볼 수 없는 자들이 편의상 만든 단어일 뿐이다.

우리는 간혹 헛것에 속거나 정신을 빼앗겨 본질을 놓치곤 한다. 내가 간혹 SNS에 과거 사진이나 남들이 찍어준 '젊게 잘 나온 사진'을 올리면, 이런 반응이 자주 나온다.

"이렇게 젊은 사람이었나요? 갑자기 글에 대한 신뢰도가 떨어지네요."

"지금까지 작가님이 쓰신 글은 모두 진심이었다고 믿겠습니다."

글과 외모에서 차이가 느껴질 때 나올 수 있는, 충분히 이해할 수 있는 반응이다. 눈에 보이는 모습을 기준으로 판단하는 것은 인간의 본성과도 같다. 그러나 눈에 보이는 것은 대부분 헛것이고 가짜다. 얼마든지 바꾸고 위장할 수 있으니까. 내가 아는 지성의 대가들은, 그러니까 연암처럼 사물과 사람 혹은 대상의 본질을 꿰뚫으며 변화에 맞춰 매일 준비하며 하루를 보내는 사람들은 다른 것을 본다. 바로 '눈빛'이다.

요란하게 치장했지만 눈빛은 외로움에 떨고 있거나, 당당한 모습으로 자연스럽게 웃고 있지만 눈빛은 두려움에 휩싸여 있는 사람을 종종 본다. 눈빛은 거짓을 말할 줄 모른다. 눈빛의 깊이가 곧 그 사람의 깊이다. 인간의 모든 몸은 각기 다른 방법으로 치장하고 화장할 수 있지만, 눈빛은 무엇으로도 치장하거나 화장할 수 없다. 그래서 세상의 흐름을 꿰뚫고 있는 지성의 대가들은 언제나 대상의 눈빛을 응시한다. 그들의 말과 행동이 아닌 눈빛으로 그의 과거와 미래를 짐작하며 가슴에 담는다. 그러므로 그들에게 당신의 눈을 보여준다는 것은 당신의 바닥까지 모두 다 알려주는 셈이다. 그래서 연암의 삶은 자신이라서 가능한 일을 찾는 사람들에게 이런 절묘한 조언을 남겼다.

"자연이 울창한 숲에서 시간을 보낸 후 거울을 보면 피부 빛까지 밝게 바뀐다. 뭐든 자기 삶의 목표를 알고 자신이라서 가능한 일을 하는 사람들의 눈빛은 다른 이들보다 깊고 밝게 빛난다."

오십 이전에는 변명과 핑계를 대며 살 수 있다. 그러나 이후의 삶에는 그런 것이 허락되지 않는다. 내일을 내다볼 수 있는 밝은 안목을 가지려면, 늘 자기 일을 선택해서 어떻게든 끝까지 가본 경험을 자주 해봐야 한다. 그래야 제대로 살 수 있다.

자기 삶의 목표를 알고
자신이라서 가능한 일을 하는 사람들의 눈빛은
다른 이들보다 깊고 밝게 빛난다.

❖ 　　　오십을 앞둔 삶은 변화가 심하다. 몸도 빠르게 늙고 마음의 온도도 빠르게 식는다. 그 모든 낯설음은 우리의 내면을 침식하며 아프게 하고 두렵게 만든다. 변화는 받아들이는 것도, 새로이 만들어가는 것도 쉽지 않다. 이 흔들리는 세상에서 나만 올바르고 적절한 길을 선택한다는 것은 쉬운 일이 아니다. 하지만 그럴 때일수록 그대 자신의 눈빛을 보라. 연암의 말처럼 그대 삶을 바꿀 변화는 당신의 눈빛에서 시작한다. 불안한 모든 것을 눈빛으로 제압하라.

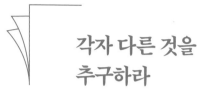

각자 다른 것을
추구하라

연암은 자신의 오른쪽 눈은 용이고, 왼쪽 눈은 범이라고 말했다. 동시에 혀 밑에 도끼를 숨겨두고 있으며, 굽은 팔은 마치 강인한 활을 닮았다고 말했다. 눈과 혀가 언제든 타인을 공격하는 도구가 될 수 있다고 경계하며, 그 모든 것을 주관하는 것은 오직 하나, 마음이라고 강조했다.

결국 이 넓은 세상에서 자기 자신보다 더 어렵고 두려운 존재는 없다. 나는 언제나 나를 망칠 수 있고, 반대로 언제든 살릴 수도 있다. 모든 것은 결국 마음의 일이다. 마음을 소중히 잘 간직하면 어디에서도 배우고 아이디어를 찾아내는 아이의 시선을 가질 수 있지만, 자칫 잘못하면 모든 것을 부정적으로 보는 가장 못된 심술쟁이가 될 수 있다. 연암은 자신의 욕망을 제어하지 못하면, 자신의 가능성을 스스로 물고 뜯고 망친다고 생각했다.

이쯤에서 우리는 인간이 살아가는 공간에는 생명과 자본이 공존해야 한다는 사실을 상기해야 한다. 생명이 중요하다는 사실은 알고 있으나 먹기 위해 일하고, 소비하려고 또 일하고, 노년을 준비하기 위해 다시 자본의 눈치를 보느라 우리는 자신의 생명을 조금씩 갉아먹고 있다. 돈으로 살 수 없는 귀한 생명과 시간을 투자해서 어리석게도 세상에 널려 있는 돈을 벌고 있는 셈이다. 더 늦기 전에 우리는 질문해야 한다.

"나의 생명은 어디로 가고 있는가?"

생명은 인간이라는 사실을 증명할 수 있는 일종의 기품이다. 인간이 스스로 기품을 지니려면 사사로운 욕망을 극복해야 한다. 그런 과정을 통해 흔들리지 않는 참된 마음을 지닐 수 있다. 타인을 두려워하는 사람은 약자다. 강한 사람일수록 자신을 두려워하며 그 치열한 전쟁에서 승기를 빼앗기지 않는다. 나를 속이는 것은 언제나 나 자신이기 때문이다. 욕망을 제어하지 못해 돈을 좇는 삶에 빠지지 않도록 자신을 지켜내는 안목을 길러야 한다. 연암은 안목을 기르기 위한 명확한 방법을 추천한다.

"각자 다른 것을 추구하라."

각자 다른 것을 추구하라는 그의 외침은 이런 생각에서 나왔다. **모두가 자신의 것을 추구하면 각자 하나의 틀을 갖게 되므로 쉽게 흔들리거**

나 무너지지 않는다는 생각이다. 이것이야말로 그의 삶 그 자체라고 볼 수 있다.

한국에는 다른 나라에는 없는 '인적자원' 人的資源이라는 표현이 있다. 매우 오래전부터 지금까지도 사람의 가치를 말할 때, 다양한 곳에서 자주 사용하는 말이다. '인적자원 관리'와 '인적자원부', '인적자원센터' 등 온갖 종류의 인적자원을 관리 혹은 양성하는 단체가 있다.

나는 사람을 자원으로 구분하는 이런 표현 자체가 홀로 설 수 없는 '비슷한 가짜'를 키우는 분위기를 조성하며, 내세울 만한 자신의 것은 하나도 없고 늘 세상이 대여해준 무기로 경쟁하는 사람을 양산하는 결정적인 이유라고 생각한다. 스스로를 하나의 자원으로 인식하게 만드는 세상에서 어떤 창의성과 인간성을 기대할 수 있겠는가. 세상에 존재하는 온갖 자격증이 바로 그 증거다. 꼭 필요한 자격증이나 시험도 있겠지만, 마치 수집하듯 모으는 자격증의 개수는 세상을 향한 두려움의 합과 비례한다. 연암의 조언처럼 아예 다르면 경쟁하지 않는다. 그럼 절로 서로를 돕는 상생도 가능해진다. 이에 연암은 유일한 하나의 자신을 만드는 방법에 대해 이렇게 조언했다.

> "무릇 공부하는 자는 자신을 알아주는 이를 만나면 뜻을 펼치지만, 자신을 알아주는 이를 만나지 못하면 제대로 그 뜻을 펼치기가 어렵다."

본질을 꿰뚫는 근사한 조언이다. 그러나 안타깝게도 세상이 변했다.

나를 알아봐 주는 타인을 만나는 것 자체가 힘든 세상이다. 진실을 알아보는 눈도 잃었고, 무엇보다 대면하기가 쉽지 않기 때문이다. 이를테면 우리는 지금까지 세상과 타인이 연결해놓은 도로와 터널 그리고 다리를 건너서 원하는 곳으로 이동했다. 약간의 통행료와 자전거나 자동차 같은 이동수단만 있으면 원하는 장소에 갈 수 있었다. 간혹 사람들로 붐비는 장소에 가기 위해서는 약간의 혼잡과 무질서를 견뎌야 했지만, 그렇다고 도착하지 못하는 것은 아니었다. 참고 견디면 뭐든 이룰 수 있었다.

그러나 이제 그 모든 도로와 다리 그리고 터널을 이용할 일이 줄었다. 코로나 시대를 거치며 사람들은 이제 대면으로 연결되지 않는 일상에 익숙해졌다. "코로나 사태가 끝나면 괜찮아지겠죠."라고 응수할 수도 있다. 그러나 코로나 사태가 끝난다고 돌이킬 수 있는 수준은 이미 지났다. 우리의 소통이 주로 온라인을 통해서 이루어지고 있기 때문이다. 이제 우리는 타인이 만든 길과 다리를 이용할 필요가 없다. 그런 시대를 그리워하며 멈춰 있는 자는 회복할 수 없는 상태로 조금씩 존재가 지워질 것이다. 이제 스스로 끊긴 다리를 연결해야 하고, 막힌 터널을 자신의 방식으로 뚫어 통과해야 한다. 각자 자신의 길을 찾아야 살아남는 시대가 도래한 것이다.

자신을 알아주는 타인을 찾아 나설 것이 아니라, 생각을 바꿔서 자신을 믿고 의지하며 스스로를 빛나게 만들어야 한다. 그래서 더욱 제대로 공부하지 않고는 진짜 자기 삶을 살 수 없다. 제대로 공부한다는 것은 별다른 게 아니다. 연암이 말하는 공부의 뜻에 주목해보자.

"한 가지 일을 하더라도 분명하게 하고, 집 한 채를 짓더라도 제대로 지으며, 그릇 하나를 만들더라도 정성스럽게 만들고, 물건 하나를 조사하더라도 식견을 갖추는 일, 이것이 모두 진짜 공부하는 자의 풍모다."

창조적인 발상은 고정관념에서 벗어나는 데서 시작한다. 창조란 세상에 없던 무엇을 만들거나 배워서 나오는 것이 아니라, 이미 알고 있는 것을 낯설게 보는 것이다. 무無에서 유有를 만드는 것이 아니라, 유有에서 새로운 나만의 유有를 찾는 것.

이것이야말로 연암이 말하는 창조의 본질이다. 같은 대상에서도 각자 다른 가치를 발견하는 일은 진득하게 하나를 깊이 들여다보고 공부해본 자만이 가능하다. 그리하면 그것은 곧 자신에게 가장 귀중한 단 하나가 된다.

비슷한 것은 가짜다.

각자 다른 것을 추구하면 하나의 틀을 갖게 되고

쉽게 흔들리거나 무너지지 않는다.

❖　　　　같은 책이라도 읽는 사람마다 시선이 멈추는 곳은 다른 법이다. 서로가 모두 다른 곳에서 멈출 수 있다는 사실, 세상에 그보다 아름다운 일이 또 있을까? 그것은 마치 세상에 존재하는 모든 지면을 각각 빛나게 하는 일과 다름없으니까. 그러니까 인생을 걸 만큼 간절히 원하는 하나를 찾아라. 그 하나를 가졌을 때 비로소 자신을 막고 있던 고정관념을 깨부수고 스스로를 빛낼 정보와 지식을 캐낼 수 있다.

사소한 단서 하나로
세상에 없던 것을 만드는 시선의 힘

유럽, 특히 파리에 도착하면 여행객들이 이동하는 경로는 대개 비슷하다. 이름난 장소를 방문해 인증샷을 찍고 다음 이름난 장소로 이동하는 식이다. 그에 반해 나의 경로는 조금 특별하다.

하루는 파리의 개선문 앞에서 모두가 개선문을 배경 삼아 사진을 찍을 때, 나는 그 앞 좁은 골목길에 들어섰다. 생명을 잃고 죽어 있는 나무가 내 눈을 사로잡은 탓이다. 누군가 그 나무를 깎아 사람 얼굴 모양의 작품을 만들어놓았다. 나는 미술관에서 작품을 감상하듯 유심히 바라보았다. 죽은 나무를 뽑아서 버리는 대신 정성껏 깎아서 예술작품으로 만들다니! 그 풍경은 내게 느낌표를 찍지 않을 수 없는 매우 다양한 영감을 줬다. 나는 뭔가에 홀린 듯 바라보는 각도를 바꾸어가며 열 장이 넘는 사진을 찍었다. 사진을 다 찍고 내 마음에 떠오른 생각은 오직 하나였다.

'오늘 하루는 이걸로 충분히 보람 있었다.'

어딘가로 떠날 때마다 동행하는 지인은 모두 달랐지만, 이런 나의 모습을 보며 그들의 반응은 한결같았다.

"그거 사진으로 찍어서 뭐 하려고 그러세요?"

"다들 저기에서 기념사진 찍는데, 왜 자꾸 이상한 곳에서 엉뚱한 사진만 찍어요?"

사람들이 의아해하며 물어올 때마다 나는 이렇게 답했다.

"이 안에 담긴 의미를 글로 써서 전해주고 싶은 사람들이 제 주변에 많거든요."

파리에 가면 에펠탑이 있고 개선문과 루브르 박물관이 있다. 물론 그것들을 배경으로 사진을 찍는 것도 자신의 역사를 기록한다는 점에서 의미가 있지만, 나는 늘 대상의 의미를 내가 아닌 그것이 필요한 타인에게서 찾았다. 언제나 그 마음이 나를 움직이게 했고, 같은 공간에서도 다른 것을 발견하게 했다. 실제로 개선문 앞에서 찍은 사람 얼굴 모양의 나무 조각은《아이를 위한 하루 한 줄 인문학: 유럽 문화예술 편》'아이의 창조성을 기르는 방법과 가치를 전하는 법'에 사진과 글이 실렸다.

이런 나의 행동과 생각을 연암의 삶에서도 발견할 수 있다. 1780년 7월 28일 저녁, 연암은 매우 특별한 경험을 했다. 그 일을 '사소한 단서 하나로 세상에 없던 것을 만드는 시선'의 관점에서 나누어 설명하면 이렇다. 읽기는 쉬우나 이해하기는 간단하지 않으니 차분하게 단어 하나하나를 이해하겠다는 단단한 마음으로 읽어보라.

1. 옥전현玉田縣(중국 북경 부근에 있는 마을)에 도착한 연암은 상인 심유붕이 운영하는 상점을 방문하게 되는데, 대청에 걸린 족자를 보고 무릎을 치며 세상에 둘도 없는 근사한 글이라고 평할 수밖에 없는 '호질'虎叱을 발견한다.

2. 잠시 생각에 잠겼던 그는 동행한 정진사와 함께 그 글을 베끼기 시작한다. 연암은 앞부분을, 정진사는 뒤쪽을 맡아 종이가 찢어지지 않게 주의하며 빠르게 베껴 썼다.

3. 중간에 연암은 심유붕에게 "선생께서 지은 글인지요?"라고 두 번이나 묻는다. 심유붕은 자기는 글자를 모르기 때문에 글의 주인이 아니라고 답한다.

4. 열정적으로 베껴 쓰는 그들의 모습에 놀란 주인은 "이걸 베껴 가서 뭘 하시려고 그러나요?"라고 물었고, 연암은 이렇게 답했다. "조선으로 돌아가면, 사람들 모두에게 읽힐 생각입니다."

5. 한참 동안 글을 베껴 쓰던 그들은 마침내 일을 끝내고 숙소로 돌아왔다. 연암은 다시 글을 검토하던 중 전진사가 쓴 부분에 잘못 쓴 글자와 빠뜨린 자구가 많아 글을 다시 고친 후 바로 자신의 생각을 담은 글 한 편을 완성했다.

〈호질후지〉虎叱後識에는 이런 글이 나온다.

"이 글은 비록 지은이의 이름은 없으나 아마 근세 중국 사람이 비통한 마음을 참지 못해서 지은 글일 것이다."

〈호질〉은 중국 당대의 현실에 빗대어 조선의 세태를 풍자한 소설이다. 연암은 소설을 통해 당대 유학자들과 위정자들의 위선과 허위를 질책하고, 나아가 인간의 부도덕한 면을 비판했다. 그러나 내가 여기서 하고 싶은 말은 누구나 알고 있는 부차적인 지식이 아니라 '차이'에 대해서다. 글과 생각이 향하는 방향은 언제나 다를 수 있다. 중요한 것은 무언가를 느꼈을 때 주변 상황을 스스로 제어해서 하나의 글과 생각으로 완성하는 안목과 힘을 갖는 것이다. 연암의 어떤 능력이 그것을 가능하게 했을까? 바로 앞서 소개한 '호질'을 발견하고 취한 그의 5단계에 걸친 행동에 그 힌트가 있다.

그는 옥전현의 한 상점에서 '호질'을 발견했다. 그리고 동시에 그 글의 가치를 깨닫고, 내가 유럽에서 잘린 나무의 단면을 보며 그랬듯 그 글을 전하고 싶은 조선 사람들을 떠올렸다. 그다음에는 가장 빠른 방법으로 글을 베껴 적기 시작했고, 저작권이 누구에게 있는지를 묻는 과정도 거쳤다. 백미는 그가 모든 글을 적고 돌아와 숙소에서 최종 확인을 하며 동행한 정진사가 베껴서 쓴 부분에 오류가 있다는 사실을 발견하고 임의로 고쳐서 적은 장면이다. 이는 모든 글과 내용을 이미 머릿속에 넣어두고 있었음을 증명한다.

내가 유럽에서 다른 사람들이 신경 쓰지 않는 사소한 장면을 포착해서 글로 완성한 것처럼 연암도 지금까지 수많은 사람이 그저 스친 광경을 붙잡아 오늘날에도 흥미롭게 읽히는 하나의 글로 창조해냈다. 이런 일련의 과정은 말로 설명한다거나 방법을 알려준다고 이해할 수 있는 부분이 아니다. 앞에서 소개한 연암이 '호질'을 발견한 순간부터 글로 표현할 때까지 이어진 5단계의 과정을 반복해서 읽어보라. 그 과정이 그림처럼 하나로 이어질 때 비로소 당신만의 높은 안목을 만들 수 있다.

세상에는 아무리 보여줘도 무엇 하나 발견하지 못하는 사람도 있고, 보면 그대로 아는 사람도 있다. 안목의 차이가 인생의 차이를 결정한다.

연암은 아끼던 제자 박제가의 책《북학의》北學議의 서문인〈북학의 서〉北學議序를 쓰며 이런 내용의 글을 담았다.

> "박제가는 나보다 먼저 북경에 들어갔던 사람이다. 농사를 짓고, 누에 치고, 가축을 기르고, 성을 쌓고, 집을 짓고, 배와 수레를 만드는 일부터 기와를 굽고, 대자리를 짜고, 붓과 자를 만드는 일에 이르기까지 눈으로 헤아려보고 마음으로 비교해보지 않은 것이 없었다. 눈으로 보지 못한 것이 있으면 반드시 질문해서 답을 구했고, 마음으로 깨닫지 못한 것이 있으면 반드시 찾아가 배웠다."

이 글의 핵심은 무엇일까? 바로 '시선'이다. 그는 박제가가 배우는 방식을 다음 두 가지로 구분했다. 하나는 주변에 질문해서 답을 구하는 것이고, 다른 하나는 아는 사람을 찾아가 깨달음을 구하는 방식이다. 그러나 결코 처음부터 질문하거나 찾아가지는 않았다. 분명한 단서가 하나 필요했다. 그건 바로 '눈으로 봐서 알 수 없는 경우'에만 마지막 수단으로 주변 사람들을 찾아가 배움을 구했다는 사실이다. 스스로 자기만의 해답을 찾으려고 충분히 분투한 다음에 더는 불가능하다는 생각이 들 때만 찾아가 도움을 청한 셈이다. 스승을 찾거나 전문가를 찾아가 도움을 청하는 것은 물론 좋은 일이지만 치열하게 관찰하고 사색하는 시간 없이 처음부터 도움을 구하는 것은 "나는 생각하지 않고 살겠다."라고 고백하는 것과 같다.

먼저 눈으로 헤아려보고 마음으로
비교해보지 않은 것이 없어야 한다.
눈으로 보지 못한 것이 있으면 반드시 질문해서 답을 구하고
마음으로 깨닫지 못한 것이 있으면 반드시 찾아가 배우라.

❖　　　모든 배움에서 밝은 안목을 가진 사람들은 '눈으로 봐서 깨닫지 못한 경우에만 질문을 하거나 찾아가 깨달음을 구한다'는 것을 전제로 한다. 연암도 농사를 짓고, 기와를 굽고, 붓과 자를 만드는 일까지 그 모습만 잘 관찰해도 충분히 궁금한 것을 배울 수 있다고 생각했다. 글쓰기도 마찬가지다. 스승이 쓰는 모습을 보고 배우는 것이지, 찾아가 깨달음을 구하는 것은 나중에나 할 일이다. 질문하는 것과 조언을 구하는 행위는 물론 소중한 지적 행위다. 그러나 그것이 스스로 무언가를 보며 생각하는 시간을 빼앗는다면, 오히려 자신을 망치는 행위가 될 수도 있다.

삶의 중간중간 멈출 용기를 내라

● "방금 전 한 편의 글로 완성할 수 있는 좋은 영감 하나가 떠올랐는데, 안타깝게도 다른 일을 하는 사이에 날아가 그만 저 만길 높이 지리산에 걸려 있네. 하지만 이미 날 떠난 것을 어찌겠나, 대체 어쩌겠어."

글이 될 좋은 영감이 떠올랐지만 다른 일을 하느라 잠시 집중하지 못한 사이에, 애써 발견한 영감을 잃었다는 연암의 탄식이다. 주목해야 할 부분은 바로 여기다. 그는 당시 느낀 안타까운 마음을 눈에 보이지도 않는 '지리산에 걸려 있다'라고 표현했다. 여기에서 우리는 매우 중요한 두

가지 사실을 알 수 있다. 하나는 '한 편의 글로 완성할 수 있는 좋은 영감'이라는 표현이다. 글을 작게 나눠 하나하나 분석하면 매우 놀라운 사실을 알 수 있다. 그것은 바로 '한 편의 글'이라는 조각과 '영감'이라는 조각의 무수한 연결이다. 그는 잠시 자신을 스친 영감 하나로 순식간에 "이것은 한 편의 글이 될 수 있을 것인가, 아니면 불가능한가?"에 대한 답을 낼 수 있었고, 아주 작은 영감의 파편 하나로도 기승전결이 뚜렷한 한 편의 글로 완성할 수 있었다. 중요한 사실은 그 가능성과 구성을 머릿속에서 순식간에 확인하고 조립할 수 있었다는 것이다.

다음으로 이 부분을 살펴보자. '만길 높이 지리산에 걸려 있네'라고 말한 부분이다. 이는 영감은 늘 도망갈 궁리를 하고 있으며 한 번 잃으면 다시는 찾을 수 없는 먼 곳으로 떠난다는 사실을 다시 한 번 강조하는 말이다. 동시에 아주 작은 메모 하나조차 중요시하며 늘 정성을 다해 작성하던 그가 왜 그렇게 메모를 중요하게 생각했는지도 알 수 있는 대목이다. 이처럼 잠시 스친 영감 하나를 글로 완성한다는 것, 그것은 그가 종이를 꺼내 메모를 하든 그 장면을 오랫동안 주시하든, 그 공간에서 멈췄기에 할 수 있는 일이다. 멈추지 않으면 그 무엇도 잡아내기 힘들다. 삶의 소중한 것들은 대개 뛰어가는 도중에 잡을 수 있는 것이 아니라, 발견하고 멈춰서 가까이 다가간 자의 것이다.

요즘 등산을 취미로 즐기는 사람이 참 많다. 이유가 뭘까? 건강을 위해서이기도 하지만, 등산을 하면 생각이 정리되고 머리가 맑아지기 때문이기도 하다. 나는 산책을 하면서 비슷한 느낌을 받는다. 산책을 하다 보면 복잡한 문제가 기적처럼 해결되면서 일상이 선명해질 때가 있다.

물론 "저는 아무리 산을 오르고 산책을 해도 해결되는 문제가 하나도 없던데요."라며 고민을 토로하는 사람도 있을 것이다. 아니, 꽤 많은 사람이 비슷한 생각을 할 가능성이 크다. 그 마음 또한 공감한다. 나도 그런 적이 있으니까. 그래서 그 원인이 무엇인지도 잘 알고 있다. 원인은 간단하다. 우리가 박물관이나 미술관에서 작품을 감상할 때를 떠올리면 문제는 바로 해결된다. 작품을 감상하기 위해 가장 먼저 취하는 행동은 바로, '작품 앞에 멈춰 서는 것'이다. 그렇다. 우리는 멈춰야 비로소 '생각'이라는 장치에 시동을 걸 수 있다. 등산도 마찬가지다. 목표로 정한 곳까지 올라갈 때는 사실 별생각이 없다. 힘들기도 하고 목표점만 생각하고 올라가는 상태이기 때문이다. 그러나 원하는 지점에 올라가 그 자리에 멈춰 서면 비로소 이런저런 생각에 잠기게 된다. "아, 내가 저 밑에서 출발해서 왔구나.", "저기에서 참 힘들었어. 집으로 돌아갈까 잠시 고민했으니까." 그렇게 자신의 과거를 돌아보며 어느새 문제도 하나하나 풀리고 복잡한 머릿속이 정리된다.

　산책도 마찬가지다. 산책으로 아무것도 얻지 못했다는 사람들을 살펴보면, 걷는 행위 자체에만 의미를 부여해서 1시간 내내 멈추지 않고 걷다가 돌아온다는 공통점이 있다. 인간은 멈추지 않고 계속 걷거나 일하는 기계가 아니다. 어떤 위대한 대가도 멈추지 않으면 생각이 작동하지 않는다. 일단 멈춰 서서 생각을 정리한 후 다시 산책을 하며, 정리한 그 생각을 일상에서 실천할 수 있는 방안을 계획하는 것이 생산적이다. 계속 앞으로 나가는 것만이 능사가 아니다. **제대로 나아가려면 중간에 멈출 적절한 곳을 찾을 수 있어야 한다. 멈출 줄 아는 사람이 앞으로 나아**

갈 줄도 알고, 어떤 억압에서도 자유롭게 그리고 거침없이 달릴 수 있다.
다음에 소개하는 시를 마음에 담겠다는 시선으로 읽어보라.

곧은 길 가려는 그대에게

어려울 때 아무리 바르게 앉아
세상 사람들 못된 짓을 한탄하면 무엇하나
나쁜 세상 만나 어찌할 도리가 없는 것을.

봄 꾀꼬리의 고운 소리는 모두가 사랑하지만
가을에 날아가는 매의 거친 영혼은 반기지 않지.
그걸 모르고 사람들 속을 헤매면 웃음거리 될 뿐
곧은 길 가려는 그대는 어리석어야 하나니.

근사한 뜻을 품었어도 그걸 어디에다 말하고
세상 사람 상대하는 게 또 어떤 의미가 있겠나.

신라 시대를 대표하는 문장가 최치원崔致遠이 당나라로 유학 가 25세에 쓴 시 〈곧은 길 가려거든〉直道能行要自愚 을 나름대로 현시대에 맞게 재구성했다. 개인의 힘을 믿고, 시대의 흐름과 변화에 구애받지 않고 정진하려는 사람에게는 구원과도 같은 문장이다. 불안한 마음이 당신의 평화를 막을 때 이 시를 읽어보라.

제대로 나아가려면 중간에 멈출 적절한 곳을
찾을 수 있어야 한다.
멈출 줄 아는 사람이 앞으로 나아갈 줄도 알고,
어떤 억압에서도 자유롭게 그리고 거침없이 달릴 수 있다.

❖　　　밝은 안목을 얻기까지 그 과정이 쉽지는 않다. 중간중간 멈출 곳을 발견해도 막상 멈춘다는 것에 두려움을 느낄 수도 있다. "내가 과연 여기에서 이러고 있어도 될까?", "남들처럼 뛰어가야 할 시간에 이러고 있는 건 아닐까?" 그대 자신의 선택을 굳게 믿어라. 그런 생각을 반복하면, 자신의 힘을 믿고 멈출 수 있게 될 것이다. 잊지 마라. 멈춘 자만이 깊어질 수 있고, 깊게 내려가야 밝은 안목을 기를 한 줄기 철학을 만날 수 있다.

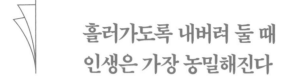

흘러가도록 내버려 둘 때
인생은 가장 농밀해진다

청춘 시절을 보내던 스물여덟 살의 연암, 하루는 가을의 정취를 풍기는 금강산을 유람하다가 '마하연'摩訶衍이라는 절에서 우연한 만남을 하게 된다. 그 주인공은 당시 나이 60세가 넘었던 치준대사와 어린 동자승인데, 인생 후반기를 살아가는 사람들에게 꼭 필요한 내용이라고 생각했던 연암은 그들이 나눈 대화를 정리해서 〈관재기〉觀齋記라는 글로 남겼다. 당시 글에서 대화 부분만 추리면 이렇다.

"내가 60년을 살아보니 모든 사물은 막히지 않고 그대로 흘러가는 것이 가장 자연스럽다. 하늘의 해와 달도 흘러가는 자신의 흐름을 멈추지 않기에, 내일의 해와 달은 결코 오늘의 해와 달과 같지 않겠지. 그러므로 우리는 세 가지를 기억해야 한다. 미리 맞이하는 것은 '거스르는 것'이고, 붙잡으려고 분투하는 것은 '애만 쓰는 것'이며, 그저 흘려보내는 것이 '자연의 이치에 순순히 따르는 것'이다."

어떤 생각이 드는가? 나는 치준대사가 전한 세 가지 메시지를 읽으며 '이걸 주제로 책을 한 권 쓰고 싶다.'라고 생각할 정도로 귀하다고 생각했다. 나이 예순 살을 가장 농밀하게 보냈던 사람이었기에 무엇이 인생을 가치 있게 하며 농밀하게 만드는지 누구보다 잘 알고 있었던 것이다. 서두르면 이치에 거스르는 것이고, 순리를 거슬러 자꾸만 빠르게 무언가를 가지려는 것은 애만 쓰는 것이며, 오직 그저 흘려보내는 것만이 삶의 이치에 맞는 가장 이상적인 삶이라는 것이다. 그걸 실천하는 오십과 그렇지 못하고 원치 않는 삶을 사는 오십은 무엇이 어떻게 다를까? 이에 연암은 화롯불의 향에 비유하며 섬세하게 설명한다.

"화롯불에서 향을 태우면 연기가 나면서 향이 사방에 퍼진다. 이때 다수는 공간 속에 널리 퍼진 향기만 맡지만, 흐름을 알고 관찰하는 사람들은 향이 자신을 태우며 재로 변하고 다시 연기가 되는 과정까지 본다."

일시적인 순간이 아닌 영속적인 흐름을 볼 수 있기에 가능한 경지다. 향기가 나면 재와 연기가 이전에 있었음을 바로 깨달아야 한다. 그럼 마지막으로 그 향을 태운 사람의 깊은 마음까지도 짐작할 수 있나니, 그런 사람은 비로소 이전보다 농밀한 인생을 살 수 있게 된다.

연암이 전하는 농밀한 삶은 결국 그의 삶이 그랬던 것처럼 글쓰기로 연결되어 꽃을 피운다. 하루는 연암이 '글의 진정성과 솔직한 이야기가 전하는 가치'에 대해 언급하며 '강정'을 주제로 꺼냈다. 연암의 말대로 강정은 '쌀가루를 술에 재웠다가 작게 잘라서 따뜻한 구들에 말린 후에 기름에 튀겨서 만든 음식'이다. 분석하며 구분해서 특이점을 찾는 그답게 바로 이렇게 강정의 특성을 나열했다.

- 구름처럼 부푼 모양이 마치 고치와 닮았다.
- 겉모양이 유리처럼 깨끗하고 참 예쁘다.
- 튀긴 음식의 특성상 속은 텅 비어 있는 형태다.
- 덕분에 많이 먹어도 배가 부르지 않아 좋다.
- 조금만 강하게 쥐어도 부서져서 눈발처럼 날린다.

강정의 특성을 나열한 연암은 이를 글쓰기로 변주해서 아래와 같이 정리했다.

"겉모습은 예쁘고 그럴 듯하지만 속이 텅 빈 것을 강정이라고 하지. 글쓰기도 마찬가지라네. 텅 빈 글은 겉모양만 보기 좋은 경우가 많아. 우리는 반드시 밤과 찹쌀 그리고 맵쌀과 같은 글을 써야 한다네. 그것들은 강정과는 다르게 속이 꽉 차 있어서 먹으면 든든하니까. 게다가 제사를 지낼 때도 사용할 수 있으며, 손님에게 폐백을 드릴 때도 활용할 수 있지 않은가.”

그러면서 연암은 텅 빈 강정이 아닌 속이 꽉 찬 밤과 찹쌀과 같은 글을 쓰려면 아래로 더 아래로 내려가야 한다고 강조했다. 역시 농밀한 시선과 삶을 강조한 것이다. 거리에서 지겹도록 보고 들은 것과 구석지고 더러운 곳에서 경험한 것, 가깝고 가장 낮은 곳에서 일어나는 일을 글로 쓰면 그것이 곧 농밀한 내용의 글이 된다고 조언했다. 《연암집》〈순패서〉旬牌序에 소개된 이 글은 이렇게 끝을 맺는다. 그의 글에 내 생각을 더해 편집한 다음 글을 정성껏 읽고 필사해보라. 흘러가는 것이 무엇이고, 농밀한 삶은 또 무엇인지 짐작할 수 있을 것이다.

그대가 가진 것이 만약 향기를 잃은 묵은 장이라 할지라도

그릇을 바꾸면 그 맛이 새로워지고

새로울 것이 없는 지루한 일상도

바라보는 마음과 눈을 바꾸면

그대에게 다가오는 것이 달라진다.

❖   밤이 찾아와도 하늘에는 여전히 태양이 있고, 낮이 찾아와도 별이 있는 것처럼, 우리의 시선 아래와 위에는 언제나 따스한 이야기가 흐르고 있다.

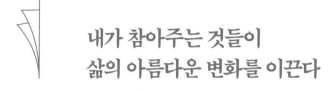

내가 참아주는 것들이
삶의 아름다운 변화를 이끈다

그대 곁에는 지금 어떤 사람들이 있는가? 만약 넓은 안목으로 살면서 아름다운 변화를 꿈꾼다면, 연암처럼 멈추지 않고 끊임없이 양질의 콘텐츠를 생산하는 사람을 곁에 두는 게 좋다. 곁에 있는 사람이 곧 우리의 내일을 결정하기 때문이다. 이것은 물질적 이득을 위해서가 아니라, 내면의 깊이를 더하기 위한 선택이다.

누구나 살다 보면 어떤 분야에서든 일생에 한 번은 뛰어난 성과를 올리게 된다. 문제는 성과가 영속적이지 않고 일시적으로 끝난다는 사실이다. 이어지지 않고 한 번으로 끝나는 이유가 뭘까? 연암의 삶에서 힌트를 찾을 수 있다. 그는 자신의 내면과 외면 그리고 스치는 모든 것에게서 발견한 것들로 자신의 콘텐츠를 창조했다. 시선이 닿는 지점이 남들보다 많았다. 그러나 에너지와 영감을 자기 안에서만 발견하는 사람은 어떤 분야에서든 양질의 콘텐츠를 꾸준히 제공하기 힘들다. 아무리 뛰어나도 한 사람에게는 한계가 있기 때문이다. 그러나 죽는 날까지 연속적으로 멋진 콘텐츠를 제공하는 사람은 다르다. 그들은 자신이 아닌 타인에게서 영감과 아이디어를 발견할 줄 안다. 그것이 바로 끝없이 성장하며 타인이 예상할 수 없는 인생을 사는 비결이다.

연암처럼 그 시대의 천재라고 불리던 사람을 제대로 보려면 시선 자체를 바꿔야 한다. 그들은 자기 안에서 영감과 아이디어를 꺼내는 사람이 아니라, 스치는 수많은 사람과 자연에서 창조적 영감을 발견해낸다. 이러한 사실을 자각해야 비로소 시선을 바꿀 수 있다. 숨을 죽이고 다가가 그들 곁에서 사람과 자연을 어떤 방식으로 바라보며, 어떤 방식으로 그것들을 내면화하는지 관찰하라. 단순히 삶을 관찰하고 연구하는 것만으로도 우리는 그렇게도 원했던 내면의 깊이를 더할 수 있다. 물론 가장 중요한 것은 수많은 사람들 중에서 그들의 존재를 발견하는 것이다. 그래야 뛰어난 그들을 우리 삶에 초대할 수 있으니까.

그런 사람을 어떻게 만나고, 또 알아볼 수 있을까? 먼저, 이런 사람의 성향을 아는 게 중요하다. 만약 당신을 아는 몇몇 사람이 당신을 잔뜩 경계하는 모습으로 귓속말을 하면 기분이 어떤가? 괜히 불안해지는 동시에 기분이 나빠진다. 모르는 사람에게는 크게 나쁜 감정이나 불안함을 느끼지 않지만, 더 많은 감정과 시간을 함께 공유한 사람일수록 불안함은 커진다. 내면의 깊이가 남다르거나 자존감이 아무리 강해도 그 모습을 보며 흔들리지 않을 사람은 별로 없다. 이유는 두 가지로 볼 수 있다. 하나는 그 무리에 끼지 못하고 있다는 불안함이고, 또 하나는 잘해준 기억이 떠오름과 동시에 배신감이 들기 때문이다.

마찬가지로 사회생활을 시작하면 흔치 않게 경험하는 장면이 하나 있다. 굳이 신경 쓸 필요도, 얻을 것도 없지만 그가 자신의 재능과 가능성을 펼칠 수 있게 일할 곳을 알아봐 주고 알게 모르게 도움을 주었는데, 오히려 그에게 더 큰 배신과 비난을 받아 마음을 다치는 일이 있다. 살다 보면 도움을 주려는 마음이 오히려 상처로 돌아올 때가 많다. 주려고 했던 마음이 크고 따스할수록 돌아온 상처는 깊고 날카롭다. 그렇게 우리는 깨닫는다.

"내가 더 잘해주려고 할수록 실망도 커지는구나."

사람을 제대로 파악하고 믿는다는 건 참 힘든 일이다. 그럴 때는 만나는 사람을 바꿀 필요가 있다. 좋은 마음을 못된 마음으로 돌려준다면, 굳이 그런 사람과 같은 공간을 나누며 소통할 필요가 없다. 물론 계속 인연을 지속할 사람과 결별할 사람을 구분하는 것은 쉬운 일이 아니다. 사람과의 관계는 그렇게 쉽게 재단하기 어려운 법이다. 그러나 내게는 좋은 방법이 하나 있다. 지금 이렇게 자문해보라.

"나는 이 사람을 참아주고 있는가?"

'참아주는'이라는 말을 들으면 보통 '아, 굳이 참아가면서 사람을 만날 필요는 없으니 그런 사람을 정리하라는 말이구나'라고 생각하기 쉽다. 그러나 내가 의미하는 건 그 반대다. 오히려 그런 사람은 마지막까지 함께 가야 할 사람이다. 아직 재능을 발휘하지 못한 사람이 세상에서

제 역할을 하기 위해서는 그 시간을 기다리고 '참아주는 사람'의 존재가 필요하다.

그 과정이 왜 중요할까? 그의 무능한 시간과 어둠만이 가득한 시간을 참아준다는 것은, 그가 자신의 것을 세상에 펼칠 때까지 믿고 기다린다는 말과 같기 때문이다. 생각해보라. 가능성만 믿고 그가 자신의 삶을 펼칠 때까지 기다릴 수 있다는 것, 온갖 고통과 고독을 참아줄 한 사람이 있다는 것은 얼마나 아름다운 일인가. 내가 그 주인공이 된다면 그보다 가치 있는 선택과 행복은 없을 것이다. 우리는 그렇게 서로에게 가장 값진 기운을 전하는 소중한 관계를 맺고 유지하며 더 근사한 내일을 기대할 수 있다.

연암은 어떻게 《열하일기》라는 대작을 쓸 수 있었을까? 그 시절의 연암에게 무언가를 작정하고 집필할 시간과 여유가 주어졌을까? 그렇게 생각하기는 힘들다. 때로는 걸어가며 또 때로는 말을 타고 지나가며 문득 느낀 것들을 메모로 남겼다는 기록을 보면, 바쁜 일상에서 시간을 쪼개어 쓴 글이라는 사실을 어렵지 않게 짐작할 수 있다. 《열하일기》 중에 〈앙엽기〉盎葉記는 북경의 사찰이나 사원을 방문하고 감상한 기록인데, 여기서 '앙엽'이라는 표현을 살펴보자. 그가 이 이야기에 '앙엽기'라는 제목을 단 이유는 과거 사람들은 생각이 때오를 때마다 감잎에 글자를 적어 항아리에 넣어뒀는데, 바로 그가 그 정도로 메모에 집중해서 '어떻게든' 쓴 글이었기 때문이다. 보고 싶은 장소가 많았지만 머물 수 있는 기간이 제한적이라 그는 종이를 가지고 다니며 작은 글씨로 최대한 많은 메모를 남겼다. 그렇게 귀국한 뒤 메모한 내용을 옮긴 것이 바로

《열하일기》다. 하루는 자신이 이룬 결과에 대해 그는 이렇게 말했다.

> "먹물 한 번 찍는 시간은 눈 깜빡하는 순간에 지나지 않는다. 그러나 그 짧은 시간이 우리의 과거를 창조했고 오늘을 만들어나가고 있다."

그런 의미에서 연암은 수많은 풍경과 사물 그리고 사람을 참아주었다. 대상의 가능성을 믿고 참지 못했다면 아무것도 쓰지 못했을 것이다. 그가 써낸 《열하일기》 역시 수많은 것들을 참아주었기 때문에 세상에 나올 수 있었다.

먹물 한 번 찍는 시간은 눈 깜빡하는 순간에 지나지 않는다.

그러나 그 짧은 시간이 우리의 과거를 창조했고

오늘을 만들어나가고 있다.

❖　　　나이 들수록 좋은 사람이 필요하다. 결국 사람은 서로 믿고 응원하며 살아가는 존재이기 때문이다. 당신은 지금 누구를 참아주고 있는가? 어떤 일이 생겨도 끝까지 믿을 수 있는 사람, 그러니까 참아주고 싶은 사람을 곁에 많이 두라. 그것이 곧 자신의 말과 행동 그리고 아름다운 내면을 통해 멋진 변화를 주도하고 있다는 선명한 증거니까.

내 이익만 좇다가
잃는 것들

1791년 당시 연암의 나이는 오십을 훌쩍 넘긴 55세였고, 신상에
도 변화가 있어서 종5품 한성부판관漢城府判官(오늘날 서울중앙지검 차장
역할)으로 자리를 옮긴 직후였다. 마침 조선에 흉년이 들었는데, 늘 그렇
듯 곡식을 파는 상인들은 때를 놓치지 않고 쌀을 평소보다 비싸게 팔거
나 매점매석을 하였고 당연히 가격은 폭등했다. 여기서 질문이 있다.

"만약 당신이 이 상황을 해결해야 하는 책임자라면 어떤 대책을 마련
할 것 같은가?"

책을 읽는 것으로 끝내지 않고 어떤 상황이나 지식에서 실용적인 부
분을 발견하려면, 연암이 그랬던 것처럼 "내가 저 이야기 속 주인공이라

면 어떻게 해야 할까?"라는 질문을 멈추지 않고 던져야 한다. 자, 당신의 생각과 조정에서 나온 생각을 비교해보라. 조정에서는 다음 두 가지 방법으로 상황을 해결하려고 했다.

- 시장 가격을 제어해서 동결한다.
- 어떤 경우에도 매점을 금지한다.

그러나 연암은 마찬가지로 두 가지 이유를 근거로 들며 이에 반대했다.

- 상품의 유통을 억지로 막으면 더 큰 혼란이 온다.
- 백성들의 자본이 축적되어야만 국가 경제가 넉넉해진다.

그의 주장이 나온 배경을 자세하게 설명하면 이렇다. 조정이 가격을 동결하는 정책을 쓰면 상인들이 비싸게 팔 수 있는 다른 지역으로 쌀을 팔러 떠날 것이므로 도리어 쌀 품귀 현상이 심해질 것이며, 또한 서울에 이미 집중되어 있는 쌀의 방출을 막으면 다른 지역의 백성들이 굶주리게 된다는 이유를 들어 강력히 반대한 것이다. 연암의 생각과 구상에는 빈틈이 없었다. 어떤 개인적 이득을 고려하지도 않았고 본질에서 벗어나지도 않았기 때문이다. 조정은 연암의 의견을 따랐는데 거듭 흉년을 만났으나 피해가 없었다. 그의 생각이 옳았던 것이다.

연암의 이런 실용적 해석과 식견은 그의 삶을 통해서 매우 자주 나타난다. 보통 사람은 쉽게 흉내 낼 수도 없는 이러한 지혜로운 해결책을 찾을 수 있었던 비결이 뭘까? 연암은 '비움'을 강조한다. 우리는 모두 각자의 일상에서 다양한 분야의 지식을 배우며 성장한다. 다만 매일 접하는 일상에서 실용적인 부분을 발견하려면 '빠르게 이익을 보려는 마음'을 버려야 한다. 그런 마음을 지닌 사람은 아무리 많이 배워도 영원히 미숙한 사람으로 남을 수밖에 없다.

- 지식을 지식 그대로 바라보지 않고,
- 당장 이익을 내기 위해 수정하고,
- 그런 과정에서 개악을 해버리기 때문이다.

지식에서 실용적인 부분을 발견하려면 빠르게 그걸로 이익을 보려는 마음을 접어야 한다. 그래야 천천히 오랫동안 바라보며 그 안에 녹아 있는 알맹이를 꺼낼 힘을 갖게 된다.

그 힘을 얻으면 이제 지식과 정보를 자유자재로 표현할 수 있는 능력까지 갖게 된다. 실제로 연암은 당시 조선을 괴롭히는 흉년을 논하며 모두가 이해할 수 있게 이렇게 설명했다.

> "물 밑에서 가벼운 모래가 물결에 출렁거리며 고르게 펼쳐져 높아지고 낮아지는 것은 인간의 힘으로 어쩔 수 없는 매우 자연스러운 과정입니다."

그렇게 그는 자기 생각을 다시 한 번 정리하며, 의식적으로 반발하는 소수 무리들의 비판을 잠재웠다.

1. 비록 일부 백성들이 곡식을 사적인 이익을 위해 보관하지만, 이런 행동 역시 저축과 유사한 효과가 있다.
2. 억제하는 것만이 능사는 아니다. 귀하거나 사소한 것을 세상의 시세에 따라 쌓아두고 곳곳에 분산하는 것도 다 적절한 때가 있다.
3. 올해에 곡식값을 억지로 동결한 후 무리해서 모두 내보냈다가, 내년에 또다시 흉년을 만나면 그때는 어떻게 할 것인가?

그렇게 자신의 생각을 다양한 방식으로 옳다는 것을 보여주면, 이에 따르지 않을 수가 없다. 세상에는 두 부류의 사람이 있다. 하나는 스스로 생각하며 행동하는 사람이고, 나머지 하나는 남이 생각한 것을 그대로 가져와 그걸 주장하며 살아가는 사람이다. 전자의 비율은 10퍼센트가 채 되지 않고 나머지 90퍼센트는 후자의 삶을 산다. 어떤 시대든 그 비율은 거의 변하지 않았다. 핵심은 지식을 대하는 우리의 태도에 있다.

시장이 움직이는 원리와 사람의 심리, 이 모두를 완벽하게 깨우쳤지만 연암은 그 지혜를 자신의 이득을 추구하는 데 쓰지 않았다. 빠르게 이익을 보려는 마음을 버리면, 연암처럼 그 버린 마음속에서 지식을 활용할 길을 발견할 수 있다. 그러므로 언제나 누군가에게 도움이 되려는 마음이 소중하다. 그것이 바로 당신이 알고 있는 지식을 실용의 길로 인도하는 가장 좋은 방법이다.

진정한 실리實利를 추구한다면
빠르게 이익을 보려는 마음을 접어야 한다.
그래야 천천히 오랫동안 바라보며
그 안에 녹아 있는 알맹이를 꺼낼 힘을 갖게 된다.

❖   조선 시대의 역관譯官(통역을 주로 담당하는 관리)과 기생은 사대부들이 얕
잡아 보는 대상이었다. 그러나 연암은 글을 배우고 싶다면 그들을 찾아가서 치열하게
관찰해야 한다고 외쳤다. "여성들 옷의 우아함을 찾고자 한다면 반드시 마을 기생을
찾아가 살펴야 하고, 문장의 높고 깊은 힘을 배우고 싶다면 역관을 찾아가야 한다." 연
암은 언제나 가장 낮은 곳, 그러니까 우리가 살아가는 현실이라는 무대에서 벗어나지
말아야 한다고 강조했다.

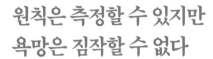

원칙은 측정할 수 있지만
욕망은 짐작할 수 없다

● 　자신의 삶을 이루는 다양한 공간에서 흔들리지 않고 살아가려면 철학이 담긴 삶의 원칙이 필요하다. 그 이유는 18세기 초 당시 세계를 무대로 자신의 힘을 자랑했던 한 나라의 사례를 보면 쉽게 알 수 있다. 국채 증가로 괴로움을 겪던 당시 그 나라의 정부는 위기 상황을 돌파할 정책 하나를 기획했다. 바로 수익성 있는 무역독점권을 특정 기업에 부여하고 대신에 그 기업이 발행한 주식을 국채 소유자들에게 내주는 것이었다. 이를 시행하며 정부는 고통으로 신음하는 세 그룹에 이런 희망을 줄 수 있다고 예상했다.

– '정부'는 스스로 재정을 안정시킬 수 있다.

– '채권자'들은 국채 대신 기업의 주식을 받을 수 있다.

– '기업'은 독점적 무역으로 이익을 추구할 수 있다.

이런 귀여운(?) 정책을 과연 어느 나라에서 기획했을까? 여기에서 말하는 정부는 '영국'이었고, 기업은 '남해회사'이며, 이들이 활용할 독점권은 스페인령 중남미로의 노예무역에 관한 것이었다. 완벽해 보이는 이 정책이 과연 성공했을까? 처음에는 예상대로 성공을 거두는 것처럼 보였다. 실패할 경우를 전혀 고려하지 않았던 장밋빛 계획은 차근차근 진행되었다. 남해회사는 1711년 설립되었고, 국채의 주식 전환 시기를 노리던 정부는 그로부터 9년 뒤에 곧 계획이 시작된다는 소식을 세상에 알렸다. 소문은 영국 전역으로 순식간에 확산되었고, 정부와 왕실 인사들이 적극적으로 투자에 참여하고 있다는 확인되지 않은 루머까지 전해지자 주가는 폭등하기 시작했다.

인간의 끝없는 욕망을 자극하는 달콤한 소문은 참 무서운 것이었다. 1720년 초 128파운드였던 주가는 7월에 무서운 기세로 올라 900파운드를 넘어섰다. 희망찬 소문 덕에 오른 주식은 다시 불길한 소문과 함께 곤두박질쳤다. 경제와 정치를 책임지는 거물들이 일제히 주식을 팔아치울 거라는 루머에 대중의 마음이 흔들리기 시작했고, 8월부터 폭락과 상승을 거듭하다가 1721년 초에는 다시 1720년과 같은 128파운드 수준으로 떨어졌다.

손해를 본 수많은 사람이 극심한 우울증과 스트레스에 시달려야 했다. 놀랍게도 거기엔 우리가 익히 알고 있는 과학자 아이작 뉴턴도 있었다. 그는 초반에 매입한 주식을 두 배 가격으로 팔아 이득을 봤다. 하지만 주가가 계속 상승하자 마음이 흔들려 다시 거액을 투자했다가 매각 타이밍을 놓치고 결국 구입가의 절반 가격에서 팔아치워야 했다. 욕망이 이끈 그의 선택은 우리에게 매우 강력한 음성으로 이렇게 말한다.

"자연이 이끄는 천체의 움직임은 계산할 수 있지만, 욕망이 이끄는 대중의 광기는 도저히 계산할 수 없다."

자신의 삶을 바꾸려는 사람에게 원칙이 필요한 이유가 바로 여기에 있다. 반대로 아무리 시도해도 삶을 바꾸지 못하는 사람들의 이유도, 그 안에 원칙이 아닌 욕망이 자리 잡고 있기 때문이다. **원칙 없는 욕망으로 살아가는 사람들은 결국 주변 상황과 소문에 휩쓸려서 자신이 어디로 가는지도 모른 채 고통만 맛보게 된다.** 우리는 이 말을 다시 기억할 필요가 있다.

"원칙은 측정할 수 있지만, 욕망은 짐작할 수 없다."

원칙의 강력한 힘을 가장 잘 활용한 사람이 바로 이 책의 주인공 연암이었다. 앞서 소개한 내용에도 잘 나타나 있지만, 그는 흉년을 만날 때마다 힘든 상황을 이겨낼 방법을 구상해냈다. 반면에 당시 그 지역을 대표하는 양반들은 늘 실패하는 대책을 마련해서 임금에게 알렸다. 그 방법이라는 것은 시장 가격을 억제하고 곡식 사재기를 막는 정책을 세우라는 것이었다. 하지만 이런 잘못된 제안을 연암은 분명한 실리적 원칙을 들어 강력하게 비판했다.

"시장이 흔들리지 않도록 옛사람들이 경계한 까닭은 무엇입니까? 흔한 물건을 귀한 곳으로 옮기는 것은 장사꾼의 권리이며, 그들이 권리를 제대로 행사해야 백성과 국가가 그 덕을 입게 됩니다. 만약 그 직업에 이익이 없으면 두 번 생각하지도 않고 떠날 것이니, 어찌 저들이 쉽게 값을 낮추어 팔겠습니까? 이제 이 명령을 시행한다면 서울의 장사꾼들은 머지않아 수레에 물건을 싣고 다른 곳으로 가버릴 것입니다. 또한 다시 사들이는 것을 저지하고 막으면, 사방에서 오던 곡식 장사꾼들도 그 소식을 듣고 서울로 들어오지 않을 것입니다. 이렇게 되면 서울은 백성들이 더욱 살기 힘든 곳이 될 것입니다."

모든 사람에게는 저마다 자신의 삶을 살아가며 선택의 순간 결정을 돕는 원칙이 있다. 일단은 원칙을 갖는 것이 필요하며, 다음에는 서로가 각자의 원칙을 존중하고 믿는 태도가 중요하다. 원칙이 없는 욕망은 결국 모두를 힘들게 하기 때문이다.

원칙 없는 욕망으로 살아가는 사람들은
결국 주변 상황과 소문에 휩쓸려서
자신이 어디로 가는지도 모른다.

❖   원칙이 없는 욕망은 핸들이 없는 자동차와 같다. 아무리 많은 첨단기술이 융합된 기계라도 방향을 제어할 수 없다면 쓸모를 찾을 수 없다. 많이 배우고 많이 깨닫는 것도 귀한 일이지만, 그보다 중요한 것은 하나를 배워도 그걸 어디에 써야 하는지 삶의 원칙을 세우고 지키며 일상을 살아가는 것이다. 어떤 힘든 상황에서도 문제를 해결할 방법을 찾으려면 분명한 원칙 안에서 움직여야 하며, 그 안에 자신이 반드시 지켜야 할 소중한 사람들이 공존해야 한다. 사람을 생각하며 지키는 원칙은 언제나 가장 안전하고 아름다운 길로 우리를 안내하는 법이니까.

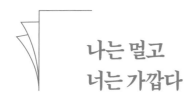

나는 멀고
너는 가깝다

삶의 전반기를 마치고 후반기를 시작하는 사람에게 재테크와 투자는 건너야만 하는 강과 같은 존재다. 노후를 생각하면 걱정이 앞서기 때문이다. 모든 것은 자신의 문제가 될 때 절실하고, 또 생각에도 없던 실수도 하게 되는 법이다. 그래서 더욱 조심스럽게 접근해야 한다. 자, 투자해서 돈을 버는 행위를 시작할 때 가장 먼저 생각하는 부분은 무엇일까? 간단하다. 주로 하는 비교는 다른 투자 수단과의 수익률 차이다. 만약 연암에게 같은 질문을 던진다면 어떤 답을 내놓을까? 그러면 아마도 전혀 예상하지 못한 답변을 했을 것이다.

"나는 투자를 하지 않네. 그건 내 방식이 아니야."

그 이유에 대해 물으면 그는 이렇게 응수할 것이다.

"일단 나는 다른 투자와의 수익률 차이는 전혀 고려하지 않아. 가장 먼저 비교하는 대상은 '시간'이니까. 거기에 바로 내가 투자를 하지 않는 이유가 있다네. 투자든 뭐든 새로운 일이 생기면 먼저 이렇게 나 자신에게 질문하지. '나는 여기에 어느 정도의 시간을 투자해야 하나?' 이 질문에 답한 후에야 그 일에 대한 의지를 다지기 시작한다네. 비로소 고려할 대상이 되는 거야. 하지만 관문이 하나 더 남아 있지. 바로 이 질문이네. '이 일은 나의 글쓰기와 사색에 어떤 영향을 주는가?' 글쓰기와 사색에 조금이라도 방해가 된다면, 세상에서 가장 진기한 보석과 명예를 줘도 나는 그것을 거절하지. 이건 내 철칙이야."

결국 연암이 투자하지 않는 이유는 사색과 글쓰기보다 나은 투자처를 아직 본 적이 없기 때문이다. 그는 언제나 자신이 원하는 곳에 시간을 집중해서 쓰려고 했고, 시간이 엉뚱한 공간에서 방황하는 현실을 도저히 견딜 수 없어 했다. 그래서 수익률 10,000퍼센트를 거뒀다는 사람들의 소식은 그에게 아무런 감흥을 주지 못하지만, 깊은 사색으로 범접할 수 없는 근사한 글을 써내는 사람을 보면 가슴이 떨릴 정도로 뜨거운 자극을 받았다. 그렇게 그는 조금 더 자신과 가까워졌다.

물론 세상의 기준으로 생각하면 이런 그의 삶은 비정상적이다. 이해하기 어려운 기준과 선택이다. 그러나 그가 자신을 충분히 이해하고 인정한다는 것이 중요하다. 그보다 소중한 사실이 또 있을까? 나는 그것이 자기답게 삶을 살아가는 사람의 출발점이라고 생각한다. 아무도 이해하지 못해도 자기 자신은 완벽하게 이해할 수 있는 삶을 산다는 것의 가치, 연암도 이에 동의하듯 우리에게 이렇게 외쳤다.

> "그대 자신의 나날을 보내는
>
> 그 아름다운 인생을 꾸준히 추구하라."

연암은 언제나 타인을 향한 비난과 조롱을 멈추고 자신을 돌아보라고 조언했다. 말이 쉽지, 이를 실천하는 것이 힘든 이유는 무엇 때문일까? 이렇게 쉽게 비유할 수 있다.

"평지를 걷기는 쉽지만, 경사가 가파른 산을 오르는 일은 어렵다."

그것이 바로 우리가 자신을 이해하기 힘든 이유다. 세상에는 타인을 이해하기보다 더 어렵고 힘든 일이 있으니 바로 자기 자신을 이해하는 일이다. 보기만 해도 불가능해 보이는 산에 오를 각오 정도는 해야, 자신에 대해 조금이라도 알 수 있다. 그렇더라도 자신이라는 산을 천천히 올라야 한다. 찬찬히 오래 정성을 들여 살펴봐야 보이지 않는 곳의 먼지 하나까지 진실로 나를 이해할 수 있기 때문이다. 산에 오르는 일은 그 자체로도 충분히 힘든 만큼 배낭을 가득 채우고 오르는 것은 더욱 힘겹다. 그것이 바로 자기 자신을 이해하기 힘든 이유다. 인생은 결국 자신이라는 존재를 하나하나 이해해가는 여정이다. 짊어진 배낭 속에 있는 온갖 감정을 꺼내 일상이라는 실험실 속에서 바닥까지 경험해야 하기 때문에, 그걸 견디지 못하는 사람은 자신이라는 산을 쉽게 오를 수 없다. 우리가 타인에 대해 말하기는 쉽지만, 자신에 대해서는 쉽게 말하지 못하는 이유가 거기에 있다. 타인을 비난하려고 그런 것이 아니라, 자신에 대해 잘 몰라서 말할 수 없는 것이다. 정말 슬픈 사실이다.

어떤 문제든 타인이 고민하는 문제에 대한 해답을 찾는 데 필요한 시간은 매우 짧지만, 자신의 문제에 대한 해답을 찾기 위해서는 아무리 사소한 문제라도 오랫동안 고민해야 한다. 그 이유는 타인이 고민하는 문제는 이상적으로 접근하기 때문이며, 자신의 문제는 현실적으로 접근하기 때문이다. 이에 언제나 자신을 돌아보는 삶과 현실에서의 실용성을 동시에 강조했던 연암은 이렇게 조언한다.

"돈이 많지만 인색하지 않다면
그는 아름다운 내면의 가치를 아는 사람이다.
자신의 욕망만 채우는 것이 아니라
남이 처한 어려움을 도와주려는
귀한 마음을 지니고 있기 때문이다.
세상에서 가장 비천한 것은 욕망과 질투이며
가장 지혜로운 것은 사랑하는 마음이다.
만약 그것을 알고 있다면
당신이야말로 진정한 어른이다."

모든 문제에 대한 가장 이상적인 답은 결국 서로 믿고 사랑하며 의지하는 것이다. 그러나 그것이 말로만 외쳐지는 이유는 자신의 문제로 닥치면 배신과 증오 그리고 게으른 태도와 결합하기 때문이다. 분식집에서 메뉴 하나를 고를 때도 타인의 메뉴를 골라줄 때는 식당의 사정을 고려해서 빠르고 쉽게 나오는 것을 추천하면 그만이지만, 정작 그게 자신이 먹을 음식일 때는 온갖 조건을 따지고 검색해가며 까다롭게 선정한다. 타인의 메뉴는 골라주기 쉽지만 내가 먹을 메뉴를 고르기 힘든 이유다.

이상적인 목표와 철학은 언제나 말이 쉽지, 이루어지기 힘들다. 사람들이 사는 곳은 결국 자기 안의 현실이기 때문이다. 모두가 사랑하는 아름다운 세상, 서로가 서로의 가능성을 찾고 믿는 투명한 세상, 서로에게 기분 좋은 타인이 되어주는 든든한 어깨와 같은 이상적인 세상을 만들고 싶다면 우리 각자가 타인을 대하듯 자신을 대하고, 자신을 대하듯 타인을 대하려는 의식 전환이 필요하다.

세상에서 가장 비천한 것은 욕망과 질투이며
가장 지혜로운 것은 사랑하는 마음이다.
만약 그것을 알고 있다면
당신이야말로 진정한 어른이다.

❖　　　타인을 대하듯 나를 대하고, 나를 바라보듯 타인을 바라보면 모든 일이 수월해진다. 그러므로 기억하라, 누군가를 칭찬할 때 우리는 그와 같은 위치에 선다. 그의 장점을 알아볼 안목이 있다는 증거니까.

그러나 누군가를 비난할 때 우리는 그의 밑에서 그를 올려다보게 된다. 그의 장점을 알아볼 안목이 없다는 증거니까. 한편 우리는 누군가를 존경할 때 저 밑에서 조금씩 위로 올라갈 수 있다. 하늘에서 비치는 고운 빛을 가슴에 담았으니까.

길이 보이면
서둘러 가지 않는 법이다

● "깨끗한 가운데 깨끗하지 못한 것이 있고

　더러운 가운데에서 더럽지 않은 것이 있다."

연암의 칼날 같은 조언이다. 과연 무엇을 말하는 걸까? 그가 남긴 문장을 찬찬히 살펴보면 그의 마음이 보인다. 바로 눈에는 보이지 않지만 한 사람의 인생에 결정적인 영향을 미치는 철학의 중요성이다. 눈에 보이는 것이 전부가 아니며, 알고 있는 사실 역시 전부는 아니다.

직장에 다닐 때 직접 경험하기도 했고, 주변에서 자주 들었던 이야기가 하나 있다. 명절 때마다 선물을 보낼 고객이나 담당자의 명단을 각자

제출하라고 할 때, 보낼 선물이 가격에 따라 적어도 세 가지 이상으로 나뉜다는 것이다. 예를 들어 1) 김 또는 식용유, 2) 스팸 또는 참치 통조림, 3) 한우 선물세트 등이다. 이런 식으로 누군가에게 보낼 선물을 가격으로 나눈 적이 많다. 물론 가장 고가의 선물을 보낼 대상은 회사에 이익을 더 많이 주거나 잠재적으로 이익을 줄 수 있는 사람들이었다. 회사 입장에서는 이렇게 구분해 선물을 보내는 것이 효율적이며 어찌 보면 당연할 수도 있다.

　나도 마찬가지다. 내가 낸 책의 반응이 좋을 때는 이전보다 고가의 선물이 오고, 잠시만 책의 반응이 식어도 당장 지난번보다 저가의 선물이 온다. 귀신처럼 정말로 그렇게 된다. 반응이 최악일 때는 아예 보내지 않는 곳도 있다. 그런데 지난 5년 동안 한결같이 비슷한 가격대의 선물을 보내오는 곳이 있다. 내가 낸 책이 베스트셀러 상위에 올라도, 반대로 아예 반응이 없어도 그 출판사는 늘 비슷한 가격의 선물을 보낸다. 당연하게도 그곳은 내가 전적으로 신뢰하는 출판사가 되었다. 주변에 멋진 작가가 있으면 적극 나서서 거기서 책을 내라고 소개한다. 이유는 간단하다. 주변 상황에 따라 쉽게 변하지 않고, 모든 사람의 가치를 동등하게 인정하고 믿는 그 마음이 내게 선물을 통해 전해졌기 때문이다. 책이 나와서 광고를 할 때도 마찬가지다. 그 출판사는 모든 작가에게 같은 수준의 광고를 집행한다. 유명하다고 그 사람 책에만 집중하는 것이 아니라, 그렇지 않더라도 빛을 볼 기회를 주는 것이다. 이런 형태의 경영이 얼마나 어려운지, 그래서 얼마나 귀한 일인지 직장을 다녀본 경험이 있는 사람이라면 알 것이다.

하나가 다르면 모든 것이 다르다. 기업도 마찬가지다. 그 기업이 어떤 마음으로 회사를 경영하고 있는지 제대로 살펴보려면 화장실에 가보라는 말이 있다. 기업의 규모와 상관없이 모든 사람이 이용하는 곳을 어떤 방식으로 관리하는지를 보면 기업의 미래가 보이기 때문이다. 선물도 그러하다. 선물 하나를 주더라도 철학이 분명한 사람과 그것이 없는 사람은 다르다. 가격이나 정성도 물론 중요하지만, "왜 그것을 주는가?", "나는 어떤 가치를 전하고 싶은가?", "그에게 무엇을 전하고 싶은가?"라는 질문으로 하나의 철학을 세운 사람이 주는 선물은, 받는 사람에게 인생의 깊이를 느끼게 한다.

자기 삶의 철학이 분명한 사람, 그러니까 자신이 걸어가는 혹은 걸어야 할 길을 제대로 아는 사람은 절대 서두르지 않는다. 삶의 목적을 알고 있어서다. 이 얼마나 근사한 사실인가. 또한 가족이나 이름, 직업 등 자신에게 주어진 모든 삶의 무게를 완벽하게 감당하며 살아간다. 이런 현상을 연암은 다음과 같이 풀이한다.

> "네 몸이 무언가에 자꾸만 얽매이고 구속을 받는 이유는 결국 너를 구성한 몸이 여럿이기 때문이다. 이름이 여럿이고 욕망이 다양하니, 이처럼 살아가는 것이 무거울 수밖에 없는 것이다."

중요한 것은 명함의 숫자가 아니다. 자신에게 주어진 이름을 감당해낼 힘이며, 그것이 바로 인생을 살아낼 최고의 능력이다.

"내 주위에는 왜 이리 사기꾼이 많지?"

"다들 왜 나만 자꾸 속이는 거야!"

주변을 보면 속는 사람만 계속 속는다. 이유가 뭘까? 그 사람만 유독 운이 없는 걸까? 그럴 수도 있겠지만 인생의 목적이 분명한 사람들은 그 이유를 안다. 그들은 속았다고 분통을 터뜨렸지만 그들 안에는 다음과 같은 욕망이 숨어 있기 때문이다.

- 쉽고 편하게 일해서 빠르게 많이 벌기
- 초보이지만 빠르게 프로가 되는 법 배우기
- 아침에 농구를 배워 저녁에 덩크슛 완성하기

연암이 살던 시대에도 마찬가지로 삶의 목적 없이 사는 사람을 현혹하려는 사기꾼들이 많았다. 이에 그는 이런 조언을 한다.

"세상에서 떠드는 '쓸모 있는 사람'이란 반드시 쓸모없는 사람이며, 반대로 세상에서 떠드는 '쓸모없는 사람'이란 반드시 쓸모 있는 사람일 가능성이 높다."

현대 사회에서도 의미가 통하는 매우 귀한 말이다. 진실로 자신이 쓸모 있는 사람이라면, 굳이 그 사실을 세상에 드러내고 경솔하게 남에게 보여주려고 애쓸 까닭이 없다. 존재 자체로 이미 빛나기 때문이다.

세상에서 떠드는 '쓸모 있는 사람'이란

반드시 쓸모없는 사람이며

반대로 세상에서 떠드는 '쓸모없는 사람'이란

반드시 쓸모 있는 사람일 가능성이 높다.

❖   우리는 결코 누군가에게 속는 것이 아니다. 다만 자신을 속일 뿐이다. 언제
나 우리 인생에서 가장 교묘한 사기꾼은 슬프게도 우리 자신이었다. 그래서 삶의 목적
을 아는 사람은 속지 않는다. 자신에 대해서 누구보다 잘 알고 순리를 거스르지 않기
때문이다. 길이 보이면 서둘러 가지 않는 법이다.

제3장

불가능의 경계를 허무는
'말의 내공'

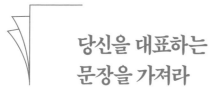

당신을 대표하는
문장을 가져라

"색채는 맛볼 수도 있는데 각각 그 맛이 다르다. 청색은 알칼리 맛, 황적색은 신맛이 난다. 사람의 표정이 다른 것처럼 색채는 저마다 맛이 다르다."

대문호 괴테가 남긴 글이다. 《색채론》이라는 책을 쓸 정도로 자연과학에 대해 치열하게 연구한 괴테, 색을 연구하기 위한 그의 방법은 맛을 볼 정도로 상상을 초월한 것이었다. 다른 것을 찾아내는 사람은 언제나 방법을 구한다. 이 글은 자신이 추구하는 것을 타인에게 증명하려고 애를 쓰는 것이 아니라, 생각을 그저 말하고 쓰는 것만으로 저절로 이해가 되는 경지에 이르기까지 무엇이 필요한지 제대로 알려준다고 볼 수 있다. 색을 사람에 비유하자면 순간의 표정에 불과하다는 말, 깊고 넓은 그의 사색은 단 한 줄의 글만 읽어도 책 한 권을 쓸 영감을 준다. 그런 가치가 있는 글은 어디에서 나오는 걸까?

나는 지난 15년 이상 괴테의 책을 집중적으로 읽으며 그를 연구했다. 그러면서 그에게 발견한 것이 하나 있는데, 바로 "인간은 노력하는 한 모두 방황한다."라는 말이다. 그는 자신이 남긴 말 그대로 살아갔다. 사랑한 것들이 많아 삶의 마지막 순간까지 가슴 아파하고 방황해야 했지만, 그러한 나날 속에서 그는 어디에서도 찾아볼 수 없는 귀한 삶의 지혜를 얻었다. 그런 점에서 연암도 마찬가지로 그의 삶을 대표하는 문장인 "비슷한 것은 가짜다."라는 글대로 살아갔다.

하나의 문장을 가슴에 품고 살면, 결국 그 문장은 그 사람의 철학이 되어 여기와 저기의 경계를 허물고 삶의 주인이 되도록 만들어준다. "나만의 인생을 살고 싶다."라고 생각하는 모두에게 나는 언제나 이렇게 조언한다. "삶을 대표할 당신의 문장을 가져라." 자신을 대표하는 문장 하나를 가슴에 품고 있다는 것은 살아가며 마주치는 수많은 영감과 풍경을 '나만의 문장'이라는 렌즈로 바라보는 것과 같다. 당연히 다른 사람은 볼 수 없는 특별한 부분을 보게 되며, 나중에는 그 삶 역시 특별해진다. 이는 연암의 삶이 전해준 가르침이기도 하다.

자신의 삶을 대표할 문장을 가지려면 어떻게 해야 할까? 차근차근 알아보자. 연암도 자신의 문장을 가지기 위해 수많은 세월을 보내야만 했다. 앞서 잠시 소개했던 연암이 지은 한문 단편소설 〈호질〉에 이런 글이 나온다.

"자신의 것이 아님에도 그것을 가지려는 것을 '도'盜, 생명을 해치고 상대의 것을 훔치는 행위를 '적'賊이라 한다. 그런데 너희들은 그렇게 온종일 돌아다니며 남의 것을 빼앗고 훔치면서도 어찌하여 부끄러운 줄 모르는 것이냐!"

이것이 바로 연암이 알려주는 삶의 문장을 만드는 방법이다. **남이 가진 것이 아무리 근사하게 느껴져도 그것을 흉내 내거나 탐내지 말고, 자신이 실천하는 것들 중에서 하나를 꺼내 그것을 삶의 문장으로 품고 살라는 것이다.** 쉽진 않겠지만, 연암은 그래야만 하는 이유를 이렇게 설명한다.

"범의 세상에서는 홍수나 가뭄이 존재하지 않기 때문에 하늘을 원망하지 않으며, 원수가 무엇인지 은혜가 무엇인지 알지 못한 채 살기 때문에 다른 존재들에게 미움을 살 일도 없다."

자신이 태어난 이유를 스스로 알고, 그 목적에 맞게 사는 사람은 세상의 간사한 속임수나 꾐에 넘어가지 않는다는 말이다. 자신을 대표하는 삶의 문장을 가진 사람들은 그래서 연암이 그랬던 것처럼 마치 다른 세상에 사는 사람처럼 자유롭게 빛난다.

그러나 모든 좋은 변화는 가만히 있는 사람에게 저절로 일어나지는 않는다. 찾아가야 만날 수 있다. 스스로 좋은 문장을 가슴에 품겠다는 강한 의지를 품고 세상 밖으로 나가야 만날 수 있다. 핵심은 늘 스스로 자신의 부족함을 인지해야 한다는 것이다. 오십 즈음이 되면 절로 이런 깨달음을 얻을 수 있다.

"'이제 충분하다'고 생각할 때 그 사람의 성장은 거기에서 멈춘다."

책을 좋아하는 당신이라면 이미 느꼈을 것이다. 세상이 좋다고 추천하는 온갖 좋은 글을 아무리 읽어도 삶에 변화가 생기지 않는 이유는 뭘까? 이유는 간단하다. 제대로 읽지 않았고, 자극도 받지 못했기 때문이다. 우리는 간혹 그 문장을 단순히 발음하거나 눈으로 읽은 것만으로 실제로 자극을 받았다고 착각한다. 진실로 하나의 문장을 듣고 읽고 자극을 받으려면, 그 문장을 자기 공간으로 끌고 와 자기 삶에 맞게 변주할 수 있어야 한다.

남의 이야기가 나의 이야기가 될 때 비로소 가장 근사한 자극이 시작된다.

다른 글쓰기의 대가들처럼 연암도 변주의 대가였다. 이미 책에서도 소개했지만, 공자의 가르침을 변주해서 자신의 문장으로 바꾼 사례도 꽤 많았다. 만약 그가 위에 쓴 "'이제 충분하다'고 생각할 때 그 사람의 성장은 거기에서 멈춘다."라는 문장을 만났다면 이렇게 변주하며 자기 삶에 녹여냈을 것이다.

"나는 아는 것이 아무것도 없다고 생각하며 주변을 관찰하고 사색한다. 자신의 무지를 인식하면서 의심도 함께 자라는 법이기 때문이다. 모른다고 생각해야 비로소 알 수 있다."

이렇게 변주한 문장은 자신을 변주한 사람의 문장으로 다시 태어난다. 이런 식으로 세상과 사람이 좋다는 문장을 읽고 변주하면 그 문장은 '나만을 위한 문장'이 되며, 일상에 좋은 자극을 주지 않을 수가 없다. 뭐든 타인의 것을 자신만의 것으로 변주하는 연습을 해라. 그래야 비로소 "이것이 바로 나의 인생이다."라고 말할 근거를 갖게 된다. 단순히 읽기만 하면 그 문장은 아직 그 글을 쓴 사람의 것이지만, 읽고 변주해서 그 문장을 실천하면 '나의 문장'으로 다시 태어나 빛난다.

남이 가진 것이 아무리 근사하게 느껴져도
그것을 흉내 내거나 탐내지 마라.
자신이 실천하는 것들 중에서 하나를 꺼내
그것을 삶의 문장으로 품어라.

❖　　인간의 말에는 위대한 힘이 있다. 한 사람이 오랫동안 내면에 품고 있던 말이 그의 입을 통해 세상에 나올 때, 그 말은 어떤 지적 무기보다 엄청난 힘을 지니게 된다. 한 번 내뱉은 말은 절대로 스스로 사라지지 않는다. 그 말은 내뱉은 사람 옆에 살면서 죽는 날까지 그의 일생을 가둔다. 누군가를 비난하면 결국 그 사람은 비난이라는 자신의 말 속에 갇혀서 살게 되는 셈이다. 말의 두려움을 아는 사람은 쉽게 움직이지 않는다. 두 번 생각하고 말하고, 세 번 생각하고 움직인다. 한 번 내뱉은 말에 반드시 책임을 져야 한다는 사실을 알기 때문이다.

마음 깊이 스며드는
말은 무엇이 다른가

같은 말을 해도 듣는 사람에 따라 반응이 달라진다. "난 사람이 많은 곳은 별로야."라는 말에 누군가는 "넌 조용한 공간을 좋아하는 차분한 성격이구나."라고 답하지만, 세상 어딘가에는 "그런 성격으로 어떻게 사회생활을 할 수 있겠어?", "사람들도 너 싫어할 거야."라며 날카롭게 대꾸하는 사람도 존재한다. 서로가 서로를 전혀 이해할 수 없을 정도로 간극이 너무 큰 말을 구사하는 것이다.

결국 말의 의미는 말하는 사람이 아닌 듣는 사람이 90퍼센트 이상 결정한다. 그렇다고 말은 듣는 사람 마음에 달렸다며 마음을 전하려는 의지를 완전히 버릴 수는 없다. 상황이 어떻든 혹은 상대가 누구든 진심을 전하려는 의지는 절대 포기하면 안 된다. 그건 영혼을 가진 사람이 지녀야 할 최소한의 사랑이다.

연암은 사는 내내 말의 중요성을 강조하며 자신보다 나이가 적거나 신분이 낮아도 배려하며 대화를 나눴다. 그는 상대의 마음에 깊이 스며드는 것까지가 말하는 자의 몫이라는 신념이 있었다. 이 사실을 굳게 믿었고 실제로 실천하며 살았다.

"말은 듣는 사람의 귀가 열에 아홉을 결정하지만, 그에 상관없이 자신의 진심을 온전히 전하는 사람이 있다."

말과 글을 오랫동안 연구했던 연암에게서 우리는 마음 깊이 스며드는 말의 비밀을 배울 수 있다.

가장 좋은 사례를 하나 소개한다. 드라마로 만들어질 정도로 유명한 조선 최고의 장수 백동수는 대대로 장수를 배출한 좋은 집안에서 자랐지만, 가난하고 어렵게 사는 사람들을 돕는 데 재물을 모두 사용한 나머지 나중에는 정작 자신이 먹을 게 없어서 걱정할 지경에 이르렀다. 이에 1773년, 30세의 백동수는 문득 강원도로 떠난다고 선언한다. 견딜 수 없는 지독한 가난 때문이었다. 연암은 몹시 아쉬워하며 자신의 집필 노트에 이런 글을 썼다.

"백동수가 '기린협'(지금 인제군 기린면)에 살겠다며 길을 나섰다. 송아지를 등에 지고 들어가 그걸 키워 밭을 갈 작정이고, 산사나무

열매를 담가서 장을 만들어 먹겠다고 한다.”

연암도 사실은 외딴곳으로 떠나는 백동수의 신념을 꺾어서 곁에 두고 싶었지만, 그런 마음을 노트에만 적었을 뿐 어떤 내색도 말로 전하지 않았다. 본인 자신도 삶의 갈림길에서 방황하면서 거취를 선뜻 정하지 못하는 처지이니, 어렵게 결정한 백동수의 떠남을 말릴 자격이 없다고 생각했기 때문이다. 그는 집필 노트에 이렇게 적고 그를 보내준다.

“나는 곧은 그의 뜻을 위대하다고 생각하며,
　그의 궁한 현실을 슬프게 생각하지 않는다.”

하고 싶은 말은 많았지만, 연암은 마음속에 담아두고 말없이 떠나는 그를 바라보았다. 아무런 말도 하지 않았기 때문에 반대로 그는 자신의 마음을 전할 수 있었다. 지혜로운 사람은 침묵에서 배우고 침묵으로 말한다.

연암과 마찬가지로 조선의 지성으로 활약하며 수많은 저작을 남겼던 다산 정약용도 그와 궤를 같이하는 말을 남겼다. 다산이 유배지에서 오랫동안 사색하며 깨달은 것은 ‘결국 세상은 공평하지 않지만, 그럼에도 포기하지 않고 살아가는 자가 조금이라도 주변을 바꾼다’라는 사실이다. 그가 그런 자신의 마음을 표현한 글에 내 생각을 덧붙여 이렇게 편집했다.

“모든 것이 풍족한 집에는 자식이 귀하고, 자식 많은 집에서는 언제나

먹일 걱정으로 가득하다. 높은 지위에 오른 자들은 모두 어리석기만 하고, 재주 있는 진실한 사람은 작은 기회조차 얻지 못한다."

그의 말처럼 풍족한 환경과 자식 등 모든 복을 갖춘 집은 드물고, 세상이 이치에 맞게 돌아가지도 않는다. 부모가 절약하면 아들이 사치하고, 아내가 지혜로우면 남편이 꼭 어리석기 마련이다. 이 아이러니한 상황이 인간의 세계에서만 일어나는 일은 아니다. 달이 아름답게 떠오르면 구름이 가리기 일쑤고, 모진 시간을 견뎌 활짝 핀 꽃은 지나가는 바람에 쉽게 떨어지고 만다. 세상 모든 일이 이런 식으로 돌아가니 다산은 결국 혼자서 웃을 수밖에 없다고 말한다. 그럼에도 침묵에서 배우고 자기 뜻을 전하며 살아가는 자가 가장 근사한 지성을 가진 사람이라고 그는 생각했다.

말은 듣는 사람의 귀가 열에 아홉을 결정하지만,
그에 상관없이 자신의 진심을
온전히 전하는 사람이 있다.

❖　　　내가 말할 준비를 마쳤다고 상대가 들을 준비가 된 것은 아니다. 또한 내가 들을 준비를 마쳤다고 상대가 말할 준비를 끝낸 것은 아니다. 내가 보고 싶은 것과 상대가 보여주고 싶은 것은 다르며, 상대가 기대하는 것과 내가 가지고 있는 것도 일치하기 힘들다. 철학자 피타고라스는 제자가 들어오면 가장 먼저 3년 동안 침묵하게 했다. 무엇보다 침묵하는 법을 배워야 한다. 고요한 마음이 주변을 흡수하게 하자. 원하거나 욕망하는 것이 아닌 들리는 그대로 들을 수 있도록, 누군가를 이해하고 싶다면 그저 천천히 다가가 말없이 함께 걸어가라. 그리고 틈틈이 서로를 바라보라. 고요한 눈빛으로 우리는 가장 진실한 대화를 나눌 수 있다. 성급히 다가가려는 욕망을 버리면 더 깊이 서로를 이해할 수 있다.

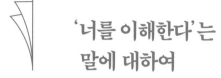

'너를 이해한다'는
말에 대하여

나는 남쪽에 있는 지방에서 서울 집으로 이동할 때 '올라간다'는 표현을 잘 사용하지 않는다. 그럼 내가 출발한 지역은 자연스럽게 아래에 있는 곳이 되기 때문이다. 무언가를 위와 아래로 나눌 때, 아래에 있는 사람의 기분이 좋을 리 없다. 그냥 넘길 수도 있는 사소한 부분이지만, 섬세하게 신경 써서 누구도 아프지 않게 하려고 노력한다. 사람을 존중하고 사랑한다면, 사용하는 언어를 마치 그림을 그리듯 매우 섬세하게 그려내야 한다. 그래서 나는 '올라간다'라는 말 대신 그냥 '집으로 간다'라는 말을 사용한다. 대수롭지 않다고 말할 수도 있지만, 듣는 사람 마음을 생각하면 한마디도 쉽게 내뱉을 수 없다.

"에이, 그 정도는 괜찮아요. 난 아무렇지도 않으니까."라고 말할 수 있지만, 말은 매일 하나하나 쌓여 결국 거대한 감정을 만들어낸다. 상대의 입장을 생각하면 말 한마디 하는 게 결코 쉬운 일이 아님을 깨닫게 된다. 상대적으로 기분이 가라앉는 날에는 괜히 신경에 거슬릴 수도 있기 때문이다. 언어는 결코 쉽게 볼 수 있는 지적 수단이 아니다. 또한 그래서 더욱 가치가 있다. "뭘 그렇게까지 신경 쓰고 살아?"라고 말할 수도 있지만, 무언가에 대해서 신경을 쓰고 있다는 것은 그것의 가치를 높게 생각한다는 증거다. 언어의 고귀한 가치를 아는 사람은 결코 언어를 쉽게 다루지 않는다. 그런 사람은 나이가 들수록 말수가 줄어들고, 대신 사색하는 시간이 깊어진다.

사는 게 어려웠던 시절 연암이 제자 박제가에게 보낸 편지를 살펴보면, 그의 인간적 고뇌와 아픔이 동시에 느껴진다. 짧게 중심 내용만 소개하면 이렇다.

> "생각해보니 무릎을 굽혀본 적이 오래전이네. 그만큼 요즘 내 사정이 좋지 않다네. 다만, 어떤 좋은 벼슬도 요즘 내 생활만큼은 못하겠지. 내 급히 자네에게 절할 일이 생겼네. 잘 알겠지만 많으면 많을수록 좋다네. 또 빈 술병까지 보내니, 가득 담아 보내줄 수 있겠는가?"

그가 쓴 글을 빠르게 스치듯 읽으면 그저 살림살이가 어려워진 연암이 제자에게 먹을 것과 술을 구하는 내용으로 이해할 수 있다. 그러나 그 정도 독해로는 연암의 마음을 이해하기 어렵다. 다시 읽어보라. 그가 쓴 글을 하나하나 풀어서 해석하면 이렇다.

1. 당신이 택한 일을 하라, 그러나 각오도 하라

무릎을 굽혀본 적이 오래전이며 요즘 자신의 사정이 좋지 않다는 연암의 말은, 누군가의 밑에서 명령을 듣고 살다가 뜻을 품고 자신의 일을 하며 사는 것은 어려운 일이 아니나, 당분간 가난한 나날을 견딜 각오는 해야 한다는 조언이다.

2. 스스로 선택할 수 있다는 기쁨은 달콤하다

연암은 비록 궁핍한 생활을 하지만, 어떤 좋은 벼슬도 요즘 자신이 누리는 삶보다는 못하다고 말하며 자유로운 삶의 가치를 전한다. 힘들 때는 자신이 누리는 자유의 가치를 떠올리며 그 순간을 견딜 힘을 낼 수 있다는 말이다.

3. 다만, 사랑하는 사람에게 아픔을 줄 수도 있음을 기억하라

돈과 명예보다 개인의 자유를 선택하는 행동은 자신에게 자유를 줄 수 있어 좋지만, 가장 소중한 사람에게 아픔을 줄 수 있다는 사실을 기억해야 한다고 강조하며 연암은 이렇게 부탁한다. "내 급히 자네에게 절할 일이 생겼네. 잘 알겠지만 많으면 많을수록 좋다네." 혼자의 몸일 때는 견디고 참을 수 있지만, 가족 등 사랑하는 사람이 엮여 있을 때는 그 사람들을 아프게 할 수도 있다는 것까지 분명히 알고 용기를 내야 자유를 선택한 삶을 유지할 수 있다는 말이다.

4. 그 모든 고통을 견뎌내는 사람은 반드시 빛을 본다

가장 중요한 부분이다. "또 빈 술병까지 보내니, 가득 담아 보내줄 수 있겠는가?" 보통은 여기에서 먹을 것에 술까지 요청하는 연암의 넉살에 대해 언급하지만, 조금 더 들여다보면 그게 전부가 아니라는 사실을 알 수 있다. 연암의 의도는 먹을 것에 술까지 요청할 정도로 살기 위해 염치 불구해야 비로소 겨우 고통을 견딜 수 있고 원하는 빛을 볼 수 있다는 말이다.

당신이 택한 일을 하라, 그러나 각오도 하라.

스스로 선택할 수 있다는 기쁨은 달콤하다.

다만, 사랑하는 사람에게 아픔을 줄 수도 있음을 기억하라.

그 모든 고통을 견뎌내는 사람은 반드시 빛을 본다.

❖　　　연암은 제자에게 단순히 먹을 것과 술을 요청한 것이 아니라, 그걸 매개로 오히려 제자에게 자신이 경험한 삶의 지혜를 전하고자 한 것이다. 깊숙이 들어가 읽으니 완전히 다른 해석이 가능하다. 추가로 연암의 넓고 깊은 마음까지 발견할 수 있는 계기가 된다. 문장과 말, 그 안을 이렇게 한 줄 한 줄 자세히 들여다보면 언뜻 스치듯 볼 때와는 전혀 다른 것이 보이니, 그때 우리는 비로소 "나는 너를 이해한다."라고 말할 수 있다.

당신은 자신의 이상에 맞는 언어를 가졌는가

온라인 세상에서 요즘 가장 자주 보이는 소식은 이런 종류의 것들이다.

"고점에서 팔아 주식에서 큰 수익을 냈다."

"이번에 발간한 책이 베스트셀러가 되었다."

"내가 판매하는 제품이 입소문 났다."

이것을 자기 자랑이라고 부를 수도 있지만 나는 조금 다르게 본다.

"듣기만 해도 참 좋은 소식!"

주변을 둘러보면 늘 좋은 소식이 끊이지 않는 사람이 있다. 이유가 뭘까? 좋은 소식이 있을 때마다 주변에 그 이야기를 들려주기 때문이다.

반대로 나쁜 소식만 계속 찾아오는 사람이 있다. 그것 역시 이유는 같다. 주변에 늘 나쁜 소식만 들려주기 때문이다. 의식하고 주변을 둘러보면 이런 현상을 쉽게 찾아볼 수 있다.

좋은 소식만 들려주는 사람에게도 거의 비슷한 횟수와 양으로 나쁜 소식이 찾아온다. 세상에 좋은 일만 생기는 사람은 없으니까. 그러나 그들은 나쁜 소식을 접하면 사라질 때까지 조용히 혼자 견딘다.

슬픈 소식과 나쁜 소식은 철저히 구분해서 관리하는 게 좋다. 슬픔을 나누면 반이 된다고 하지만, 나쁜 소식은 슬픔과 달라서 나눌수록 늘어나기 때문이다. 게다가 아무리 주변에 알려도 나쁜 소식은 사라지지 않는다. 오히려 음울한 사람이라는 안 좋은 소문만 퍼질 가능성이 크다. 방법은 오직 혼자가 되어 스스로 견뎌내는 것뿐이다.

삶은 끝없이 펼쳐지는 계단과 같다. 조용히 나쁜 소식을 견디며 홀로 있는 시간을 견디면 어느새 부정적 감정은 사라지고 좋은 소식이 찾아온다. 그때 비로소 우리는 한 계단 올라가 의식 수준이 이전보다 높은 사람들과 좋은 소식을 즐겁게 나누게 된다. 우리에게 나쁜 소식이 찾아오는 이유는 불행해서가 아니라, 그렇게 한 계단 더 올라가 높은 의식 수준의 사람들과 어울리기 위해서다. 자신을 찾아온 나쁜 소식을 홀로 견디며 조금씩 성장해가는 것이다. 그렇게 생각을 전환하면 나쁜 소식도 나쁜 것만은 아니다. 그것을 견디고 이겨낼 때마다 내면을 한층 강하게 만들어주니까.

물론 그 과정이 만만한 것만은 아니다. 바다 깊은 곳 컴컴한 바위와 바위 틈에 숨어 그 안으로 물고기가 들어오기를 기다리며, 나름대로 사냥하고 있는 이름 모를 생물을 보면 이런 생각이 절로 든다.

"대체 언제까지 기다릴 수 있을까?"

"저렇게 해서 사냥에 성공할 수는 있을까?"

그러나 창조와 생산성을 강조하던 자신과는 너무나 맞지 않는 답답한 시대를 살았던 연암은 이렇게 말했다.

> "어떤 일을 이루기 위해서는 자신의 노력이 가장 중요하다. 하늘은 스스로 노력하는 사람을 도와 결국 성공하게 만든다."

연암은 다시 이렇게 크게 소리친다.

> "운명은 없다. 설령 있다고 해도, 그걸 인정한다고 현실이 바뀌는가? 그게 아니라면 가장 좋은 쪽으로 생각하며 사는 게 자신에게 좋다."

운명이 없다고 생각해야 자기 안에 존재하는 모든 가능성에 가치를 부여할 수 있다. 그게 아니라면 바다 깊은 곳에서 지금도 먹이를 기다리는 하나의 생명은 의미 없는 존재가 되어버린다. 자신을 그렇게 비참한 상태로 만들고 싶은가? 다시 연암은 강렬한 표정으로 이렇게 조언한다.

> "어리석은 사람은 곧 무너질 듯한 높은 담장 밑에서 자신이 죽는 줄도 모르고 운명을 기다린다. 멍청한 표정으로 하늘을 바라보며 곡식이 자신에게로 떨어지기를 바란다."

다시 삶은 계단이다. 조급한 마음을 버리고 차분하게 앉아 그대를 찾아온 나쁜 소식을 바라보라. 마음이 급한 사람들은 오늘 한 가지 착한 일을 하면, 내일 좋은 운명이 자신을 기다리고 있을 거라고 믿는다. 또한 상대가 들었을 때 기분 좋은 말을 하면, 그가 자신에게 뭐라도 줄 것이라 생각한다. 그러나 연암은 "매번 그렇게 무언가를 바라며 행동한다면, 하늘도 지쳐서 앞으로 당신이 무엇을 하든 돕지 않을 것이다."라고 말하며 그런 삶을 경계한다. 그리고 그는 "자신의 이상에 맞는 언어를 가져야 한다."고 강조하며 그 이유를 이렇게 설명한다.

> "무작정 일찍 출세한다고 좋은 것이 아니다.
> 자신을 지킬 언어를 갖추지 못한 상태로
> 혼란한 세상일을 시작하다 보면
> 결국 자신의 본분을 지키지 못하는 법이기 때문이다."

오십이 되면서 일이 술술 풀리는 사람들에게는 공통점이 하나 있다. 자기 이상에 맞는 근사한 언어를 가졌다는 사실이다. 실제로 어떤 표현을 생각하면 저절로 떠오르는 사람이 있다. 언어가 곧 그 사람의 인생을 결정한다. 그 사실을 잊지 말자.

자신을 지킬 언어를 갖추지 못한 상태로
혼란한 세상일을 시작하다 보면
결국 자신의 본분을 지키지 못하는 법이다.

❖　　　언어를 보면 그 사람의 미래가 보인다. 상대가 자신이 부자라고 소개하며 다가온다면, 그의 계좌를 확인하는 것보다 그가 사용하는 언어를 자세히 들어보는 게 더욱 확실하다. 가서, 그가 과연 부를 소유할 가치가 있는 언어를 사용하는지 보라. 마찬가지다. 긍정적인 사고와 마인드로 인생을 바꾸자며 다가온다면, 그가 그런 가치를 담은 언어를 사용하는지 보라. 사람은 결국 하나의 언어로 이루어져 있으며 그의 언어가 곧 그가 살아갈 내일을 결정하기 때문이다. 언어가 곧 그 사람이 가진 가치를 증명한다.

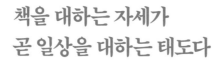

책을 대하는 자세가
곧 일상을 대하는 태도다

●   연암 학파의 일원이 되어 활동했던 유련柳璉에게는 다른 사람에게서 발견하기 힘든 독특한 독서 습관이 있었다. 보통 사람이라면 쉽게 받아들이기 힘들겠지만, 책을 정말 사랑해서 "이것이 내 인생의 책이다."라고 말할 수 있는 사람들은 유련의 독서 습관을 이해할 수 있으리라. 그것은 다름 아닌 책을 보관하는 방법이다. 소장한 책마다 자신의 소유라는 사실을 확인할 수 있게 도장을 찍어 남에게는 보여주지 않고 자기 자손에게만 길이길이 전하려고 했다. 그러나 연암은 그건 욕심이라며 변화를 촉구했다. 당시 그가 전했던 그 이유를 현재에 맞게 편집하면 이렇다.

"지식이란 서로가 서로에게 영향을 받아 탄생한 것이니, 서로 돌려보아 숨통이 트이게 해야 비로소 더 영원한 생명력을 가질 수 있다."

　지식은 혼자만의 것이 아니라는 일갈이다. 내게도 책은 뽀송뽀송 방금 세탁과 건조까지 끝낸 수건과도 같다. 지치고 세상에 찌든 더러운 내 영혼을 닦아내는 용도로 사용하고 깨끗하게 보관하기 때문이다. 그래서 도서관이나 중고서점은 특별한 경우가 아니면 거의 이용하지 않는 편이다. 책과 언어를 특별하게 사랑하는 내게는 어쩔 수 없는 선택이다. 독서를 하다가 잠이 오면 책을 이불처럼 배에 올리고 잠들고, 다시 깨어나면 영혼의 세정제처럼 생각하며 읽기 시작할 정도로 소중하게 여긴다. 그래서 조금이라도 얼룩이 지거나 무언가 묻으면 바로 깨끗하게 닦아내고 습기를 가득 먹은 종이가 부풀지 않게 햇살에 예쁘게 건조하기도 한다.
　그렇다고 깨끗하게 유지하기 위해 메모를 하지 않는 것은 아니다. 책을 깨끗하게 읽는 것과 메모하기는 전혀 다른 문제이기 때문이다. 내가 가장 사랑하는 책은 모든 줄에 밑줄이 그어져 있다. 사랑하는 사람의 모든 말과 행동을 가슴에 담으려는 것처럼, 나는 가장 사랑하는 책을 마치 사랑하는 연인을 대하듯 모든 글을 가슴에 담고 산다. 독서는 취미일 수가 없다. 숨을 쉬는 동안 멈출 수 없는, 지성인의 생명 연장을 위한 최선의 방법이라 생각하기 때문이다. 연암도 여기에 동의하며 이렇게 조언한다.

"누구든 하루라도 독서를 하지 않으면 표정이 어두워지고 불결한 언어가 나오게 된다. 또한 몸은 갈팡질팡 의지할 곳이 없어지고 마음은 두려워져 어디에도 정착하지 못하게 된다. 왜 장기, 바둑, 음주에서만 삶의 즐거움을 찾는가! 복장을 단정히 하고 불을 켜고 정숙하게 앉자. 그리고 정진하는 마음으로 책상을 대하고, 책을 읽을 때는 묵묵히 깊이 있게 숙독하라."

자식 교육은 연암에게도 쉬운 일은 아니었나 보다. 하루는 책을 제대로 읽지 않는 큰아들을 걱정하던 연암이 작정하고 이런 내용이 담긴 편지를 보냈다. 여기에 스스로 제어할 수 있는 '분야를 확장'하며 동시에 '지성을 쌓는' 연암의 방법이 모두 녹아 있으니 귀한 마음으로 읽어보자.

"너는 원하던 책을 얻고는 춤을 출 듯이 기뻐했다고 말했지. 그런데 여전히 책을 쌓아놓고서 제대로 펼쳐보지 않는 건 어째서냐? 한두 번 읽고 끝내는 것은 좋은 독서가 아니다. 속속들이 파고들어 깊게 사색하지 않는다면 수박 겉핥기나 후추를 통째로 삼키기와 다를게 뭐가 있겠니?"

오죽하면 연암이 그런 말을 했을까? 예나 지금이나 책을 읽지 않는 풍토는 별로 변한 것이 없다. 출판계는 매년 독서 인구가 줄고 있다며 걱정하고 있고, 지하철을 타면 거의 대부분이 스마트폰을 들여다보고 있다. "나는 스마트폰으로 책을 읽고 있다."라고 항변하는 사람도 있지만 사실 그럴 가능성은 1퍼센트도 되지 않는다. 책을 대하는 시간을 자주 갖는 것이 좋지만, 결심했다고 해서 갑자기 책 읽기를 사랑하는 독서광으로 거듭날 수 있는 것은 아니다. 이에 연암은 독특한 방법을 알려주며 책을 대하는 태도부터 바꾸라고 말한다.

> "남에게 빌린 책에 틀린 글자가 있으면 작은 종이를 붙여 교정해주고, 찢어진 종이가 있으면 잘 붙여주며, 책을 엮은 실이 끊어졌으면 수선해서 돌려주어야 한다."

시대가 전혀 다르기 때문에 현재에 꼭 맞는 방법이라고 보기는 힘들다. 그러나 책을 대하는 연암의 특별한 태도는 배울 만하다. 결국 대상을 대하는 우리의 태도가 그 대상을 생각하는 가치와 의미를 결정하니까. 책을 깊이 사랑하면 책에서 얻는 배움도 깊어진다. 자신의 언어 수준을 높이고 동시에 자유로운 삶을 누리고 싶다면 그 마음의 온도만큼 더 뜨겁게 책을 읽고 사랑하자.

누구든 하루라도 독서를 하지 않으면
표정이 어두워지고 불결한 언어가 나오게 된다.
정진하는 마음으로 책상을 대하고
책을 읽을 때는 묵묵히 깊이 있게 숙독하라.

❖   글쓰기와 통찰을 비롯해 모든 지적인 행동과 결과는 독서에서 시작한다. 잘 읽어야 뭐든 잘 볼 수 있고 분별할 수도 있기 때문이다. 연암은 책을 한두 번 읽은 것은 읽었다고 여기지 않았다. 문장 하나하나 섬세하게 사색하며 자신의 언어로 바꿀 수 없다면, 여전히 그 글은 글을 쓴 작가만의 것이기 때문이다. 작가의 생각과 글을 자신의 것으로 만들 수 없다면, 수백 번을 읽었어도 아직 한 번도 읽은 것이 아니다. 그의 글이 나의 글이 될 때 비로소 우리는 한 줄을 읽었다고 말할 수 있다.

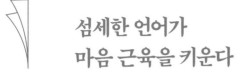

섬세한 언어가
마음 근육을 키운다

연암은 일상에서 습관처럼 나오는 언어를 매우 중요하게 생각해서 자신의 느낌과 감정을 매우 세심하게 표현하려고 애를 썼다. 섬세한 언어 표현이 곧 그 사람의 선한 마음을 대변한다고 생각했다. 그래서 그는 다음 세 가지 삶의 태도를 잊지 않았으며 실천을 통해 자신의 언어를 증명했다.

1. 몸가짐이나 남을 대하는 일은 억지나 과장보다는 순리대로 진행하는 것이 중요하다.
2. 재앙이나 복은 그 결과로서 찾아오는 것이다. 선을 따르면 길하고,

악을 따르면 흉하게 된다.

3. 세상을 살아가는 데 언제나 인간은 선을 추구함으로써 스스로 그 운명을 귀하게 만들어나갈 수 있다.

순리를 따르면 거기에 맞는 언어를 구사하게 되고, 운명과 역사도 스스로 가치 있게 만들 수 있다. 그렇게 삶을 대하는 연암의 태도는 이런 방식으로 일상의 언어가 되어 다시 태어났다. 단어 하나하나 섬세하게 느끼려고 노력해보라.

"많은 사람이 모인 곳에서 누군가를 가리켜 '제일'이라고 말하지 말게. 제일이라는 것은 더 나은 것이 없다는 뜻이 아닌가. 그럼 그 자리에 모인 다른 사람들은 침울해지고 기운이 빠지게 마련일세."

경탄이 절로 나오는 말이다. 어쩌면 이렇게까지 섬세할 수 있을까? 생각해보라. 구체적으로 무엇에 대한 조언인 것 같은가? 문장에서 어떤 마음이 보이는가? 먼저 말을 함부로 하지 말라는 것, 그리고 '제일'이라고 말하는 것을 조심해야 한다는 지점이 보인다. 그러나 나는 이 글에서 그의 섬세한 감정 표현이 아름다울 정도로 깊고 향긋하게 느껴진다. 당신은 어떤가? 보일 때까지 찬찬히 읽어보라. 그걸 발견해야 연암이 남긴 글의 깊이를 느낄 수 있다.

예를 들어서, 우리는 보통 SNS에 여럿이 함께 모여 찍은 사진을 보며, 그 계정의 주인인 지인을 칭찬하기 위해 "야, 네가 제일 예쁘다.", "네가 가장 나이가 많은데 제일 젊어 보인다."라는 식의 댓글을 쓴다. 분명 사진에 찍힌 구성원 모두가 태그되어 있어서 댓글을 확인할 가능성이 큰데, 자신의 지인 한 사람을 유독 '제일'이라고 표현한 댓글을 쓴 것이다. 그러나 생각이 깊어지면 '제일'이라는 말은 매우 사용하기 까다로운 표현이라는 사실을 깨닫게 된다. 그것이 바로 마음이 깊어져 내면과 의식이 성장했다는 증거다. 이것은 의식 수준의 문제라서 강요나 교육으로 바꿀 수 있는 것이 아니다. '제일'이라는 표현은 결국 두 사람 이상이 모인 곳에서 등수를 나누는 것이라서, 전투나 승부를 겨루는 곳이 아니라면 주의해서 사용하는 게 좋다. 나머지 사람들의 기분을 순식간에 최악으로 치닫게 하고, 배려와 기품이 사라진 그 공간에는 시기와 질투라는 못된 감정이 채워지기 때문이다.

이렇듯 연암은 그 시절에도 섬세한 마음으로 근사한 조언을 남긴 것이다. 더욱 대단한 것은 그의 섬세한 마음으로 미루어 짐작했을 때, 그는 자신보다 신분이 낮은 하인들이 모인 자리에서도 '제일'이라는 표현을 가려서 사용했을 가능성이 높다는 것이다. 이건 매우 중요한 사실이다. 자신보다 지위가 낮고 나이가 어린 사람에게까지 '언어의 섬세함'을 유지하기는 쉽지 않기 때문이다. 그러나 그는 지위가 높든 낮든, 나이가 많든 적든 늘 같은 마음으로 사람을 섬세하게 대했다.

누구나 "어린아이에게도 배우라."라고 말은 쉽게 할 수 있다. 그러나 그것은 지금 이렇게 글로 설명한 것처럼 쉽게 도달할 수 있는 경지가 아니다. 센스 없는 사람에게 "센스를 배워라."라고 말한다고 갑자기 센스를 갖출 수 있는 것이 아니듯 마음의 근육을 키우려면 모두를 같은 눈

높이에서 바라보려는 굳은 의지와 그걸 지속해온 세월이 필요하다.

'최고'와 '최초' 혹은 '제일'이라는 표현 역시 그 안에 속하지 못하는 수많은 사람을 아프게 하는 표현이다. 언제나 그 표현에 속하는 사람은 한 사람이기 때문이다. 경쟁하지 않는 삶을 추구하는 언어를 사용하는 것은 자신의 성장을 위해 매우 중요하다. 경쟁에 매몰되지 않기에 유일한 자신의 길을 찾아낼 확률이 높아진다. 언어가 곧 자신의 수준을 그대로 보여주는 증거가 된다는 사실을 기억하자. 그리고 언제나 문제를 자기 안에서 찾은 습관을 들여야 한다. 그래야 찾아낸 것을 마음과 연결해서 가장 적절한 언어를 선택할 수 있다. 만약 당신이 "내가 사는 세상에는 왜 일류가 없을까?"라고 생각한다면, 그건 세상이 아닌 그대 자신의 문제라는 사실을 기억하자.

많은 사람이 모인 곳에서 누군가를 가리켜
'제일'이라고 말하지 말라.
그 자리에 모인 다른 사람들은 침울해지고
기운이 빠지게 마련이다.

＊ '진하다'는 말과 '풍성하다'는 말이 다르듯, 나를 다그치는 말과 나를 격려하는 말은 다르다. 예민한 것과 섬세한 것도 다르듯 '틀리다'와 '다르다'는 말도 결코 같은 말이 아니다. 말과 글은 섬세하게 생각해서 다가가야 한다. 우리의 인생을 만드는 것은 결국 한마디 말이기 때문이다. 처음 만나는 사람이라도, 그가 얼마나 말을 섬세하게 다루는지 조금만 확인하면 그 사람의 내일과 내년의 모습을 짐작할 수 있다. 오늘 내 삶에서 나온 말과 글은 곧 내가 만날 미래의 '미리보기'다. 무엇이 중요한지 제대로 알고 싶다면 그렇게 스치는 단어 하나하나 그냥 넘기지 말고 자세히 보라.

내 안의 가능성을 찾게 하는
열 개의 단어

모든 인간에게는 세상의 중심에 설 가능성과 능력이 있다. 연암도 이에 동의하며 다음과 같이 말했다.

> "비록 하늘과 땅은 오래되었지만 끊임없이 새로운 것을 낳고, 비록 해와 달은 오래되었지만 그 빛은 날마다 새롭다."

앞에서도 이미 한 번 인용했지만, 이렇게 다시 소개하고 싶을 만큼 생각하면 할수록 참 신비로운 표현이다. 그는 이런 말을 하고 싶었던 게 아닐까. "누구든 자신의 역량을 모두 발휘할 수 있다면, 어떤 변화나 시대에도 상관없이 세상의 중심에 설 수 있다. 나이가 들수록 그 마음을 갖는 게 더욱 중요하다. 인생 후반전에는 반드시 원하는 삶을 살아야 하기 때문이다. 그러니 그대가 누구든 함부로 포기하지 마라."

사람의 가능성을 쉽게 생각하지 않았으며, 늘 그 가치를 찾아주려고 애쓴 연암의 삶에서 나는 오십에 필요한 총 열 개의 단어를 발견했다. 다음에 제시하는 '연암을 세운 열 개의 단어'에 관한 이야기를 읽으며, 각자 자기 삶에 어떻게 적용할지 생각해보자.

1. 시작

잘할 수 없다면 일단 다르게 시작해보자. 뭐든 잘하려면 시간과 노력 등 막대한 비용이 필요하다. 그러나 다르게 하는 것은, 당장 누구나 용기만 있다면 시작할 수 있다. 남과 달라서 받을 차가운 시선을 견딜 용기가 필요하지만, 모든 시작은 그럴 가치가 충분하다. 또한 모든 시작에는 나이가 중요하지 않다. 다르게 하다 보면 결국 잘하게 되고, 그땐 사람들이 더 이상 다르다고 지적하지 않는다. 이미 당신은 범접할 수 없는 하나의 독립된 존재가 되었을 테니까.

2. 사색

사색이 좋다는 것은 아는데, 왜 실천하기 힘들까? 이유는 간단하다. 고요히 사색에 잠기기엔 삶이 너무나 혼란스럽기 때문이다. 시각과 청각을 자극하는 곳에서는 사색이 제대로 작동하지 않는다. 필요 이상으로 시끄러운 공간, 쓸데없이 바쁜 일상, 모든 감각을 자극하는 온갖 매체와의 접촉, 이것들은 모두 사색이라는 기능을 제한하며 우리를 더욱 생각하지 않게 만든다. 그러므로 자극이 덜한 공간에 자주 오래 머물라. 10분이든 1분이든 시간의 길이는 중요하지 않다. 1분이라도 자신 안에 머무는 경험이 필요하다.

3. 관계

"내가 얼마나 잘해줬는데, 그거 하나 잘못했다고 이렇게 난리를 치는 거야?" 살다 보면 이런 아우성이 여기저기서 들린다. 이때 현명하게 대처하려면, 사람들은 고마운 마음은 기껏 한 번 표현하고 잊지만, 불쾌한 마음은 끊임없이 불러내서 불평한다는 사실을 기억해야 한다. 아무리 모든 것을 바쳐서 잘해줘도, 단 한 번의 나쁜 감정이 관계를 망치게 할 수 있다. 그러므로 기억하자. 좋은 것을 주는 것도 중요하지만 나쁜 것을 주지 않기 위해 노력해야 한다.

4. 본성

"다 널 위해서 하는 말이야.", "너 잘 되라고 하는 말이야." 이런 말로 시작하는 모든 조언은 상대방 귀에 들어갈 가능성이 매우 낮다. 상대가 그걸 거부하는 이유는 조언을 듣기 싫어서가 아니라, 사람들은 모두 타인에게 중요한 존재가 되기를 바라기 때문이다. 매우 중요한 포인트다. 이것은 그들에게 어떤 위대한 직언도 필요하지 않다는 사실을 의미한다. 상대가 듣고 싶은 말 이외에 다른 말은 할 필요가 없다. 본성을 거슬러서 좋은 건 하나도 없다.

5. 사랑

사랑이 중요한 이유는 뭘까? 위대한 스승에게 무언가를 배운 사람은 많지만 위대한 가치를 마음에 담은 사람은 별로 없다. 스승의 가르침은 받았지만 스승을 사랑하진 않았기 때문이다. 사랑은 많은 것을 바꿔놓는다. 사명감도 마찬가지다. 그것은 위대한 가치이지만 갖기 어려운 것이다. 그러나 사랑하게 되면 이야기는 달라진다. 사명감은 스스로에게 명령한 것을 사랑할 때 생기기 때문이다. 우리는 사랑함으로써 더 나은 인간이 될 수 있다. 늘 사랑을 생각하고 사랑을 더 배우려고 노력하자.

6. 성향

자신을 힘들게 하는 사람의 성향을 제대로 알 수 있다면, 그 사람으로 인해 겪는 마음 고생을 인생에서 덜어낼 수 있다. 나쁜 일을 일상에서 자주 범하는 사람들은 주로 자신에게 문제가 있다고 보면 된다. 이를테면 남을 헐뜯고 괴롭히는 사람은 자기 자신을 위해서 행동하는 방법을 모르는 사람이다. 스스로에게 좋은 것을 남기기 위해 무언가를 생각하고 행동하는 사람은 결코 남에게 나쁜 것을 주지 않는다. 그것도 에너지가 필요한 일인데, 그에게는 그런 데 에너지를 쏟을 시간이 없기 때문이다.

7. 양면성

세상에 힘들기만 한 상황은 없다. 모든 상황에는 나름의 기회가 숨어 있다. 이를테면 "내게 맞는 직업이 없어.", "죄다 하찮은 일만 남았네."

이렇게 말하는 이유는 그가 사물과 일이 가진 양면성을 발견할 줄 모르는 사람이기 때문이다. 이렇게 바꿔서 생각해보자. "사람이 일을 만들기도 하지만 일이 사람을 만들기도 한다." 대단한 일이 대단한 사람을 만드는 것이 아니라, 그 일에 임하는 대단한 마음이 그에게 대단한 무언가를 선물로 주는 것이다. 나이가 들수록 더 명심해야 한다. "당신이 반대편을 볼 수 있다면 모든 것은 가능성이다."

8. 내면

좋든 나쁘든 자신을 있는 그대로 제대로 알아야 한다. 물론 그건 매우 어려운 일이다. 어떤 위대한 영성도 자서전을 쓸 때 업적과 이력을 부풀려 쓰듯, 누구에게도 자신은 쉽게 알 수 있는 것이 아니기 때문이다. 그럴 때는 먼저 자신의 의무가 무엇인지 생각해보라. 그리고 그것을 실행해보라. 그럼 당신은 자신에 대해 정확히 알게 될 것이다. 자신의 의무를 다하려고 할 때, 우리는 자신이 어떤 사람인지 비로소 깨달을 수 있다.

9. 순간

어떤 일을 해결할 충분한 지식과 재능이 있지만 번번이 고배를 마시는 사람이 있다. 이유는 단 하나, 방심했기 때문이다. 그들과 같은 무리에 있다면 벗어나는 게 좋다. 방심하는 자는 인간에게 주어진 가장 값진 무기인 순간의 가치를 모르는 자이다. 그들의 재능이 부러워 곁에 머문다면 당신은 그로 인해서 순간이라는, 인간에게 주어진 가장 값진 무기를 잃게 될 것이다. 순간이라는 인간이 가진 최고의 가치를 모른다면 어떤 재능도 헛되다.

10. 역량

지금까지 나열한 아홉 개의 단어를 모두 삶에 입력했다면 이제 마지막으로 '역량'이라는 단어를 이해해보자. 모든 것을 갖추고도 실패하는 사람의 특징은 바로, 자기 역량에 대한 이해도가 떨어진다. 3단계로 구분하자. 먼저 자신의 역량을 정확하게 파악하고, 다음에는 반드시 해야 할 일을 순서대로 구분한 후, 역량을 적절히 분배해서 사용할 수 있다면 가지고 있는 모든 재능을 인생 후반부의 삶에서 완벽하게 쏟아낼 수 있다.

연암이 당신에게 전하는 마음을 잘 읽었는가? 중요한 것은 그저 읽고 넘기는 게 아니라, "내게 어떻게 적용할 수 있을까?"라는 질문을 놓치지 않아야 한다는 사실이다. 질문을 놓치지 않으면 누구든 답을 찾을 수 있다.

옛것을 본받아 새로움을 창조하라.

❖　　　위의 문장은 연암이 글쓰기를 하며 일생의 화두로 삼은 '법고창신'法古創新의 정신을 말한다. 법고창신의 의미를 좀 더 자세히 풀어보면 다음과 같다.

1. 옛 글을 흠모하지만 옛 격식에 얽매이지 말라.

2. 진부한 표현에서 벗어나려고 애를 쓰다가 간혹 생기는 근거 없는 표현을 하는 실수를 기쁘게 받아들이라.

3. 자신의 주장을 너무 높이 세우다가 벌어지는 법도에 어긋나는 상황을 견딜 용기를 내라.

그래야 비로소 옛것을 본받으며 동시에 현대의 감각을 살릴 수 있다고 생각했다. 세상의 비난과 어쩔 수 없이 벌어지는 실수에 너무 얽매여 있으면 굳이 쓰지 않아도 될 글을 쓰게 될 뿐이다. 이미 존재하는 글을 베껴서 쓰는 과정을 반복하게 된다. 지금 세상에 필요한 글을 쓰고 싶다는 그 강렬한 마음을 잃지 마라.

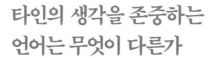

타인의 생각을 존중하는
언어는 무엇이 다른가

"나는 당신과 생각이 다릅니다."

이 표현에 대해서 어떻게 생각하는가? 매우 당당하고 당찬 느낌이다. '틀리다'가 아닌 '다르다'를 선택해서 지혜로운 느낌과 마음이 넓다는 이미지를 함께 전할 수 있을 것 같은데, 정작 이 말을 접한 상대는 누구라도 반발심부터 생긴다.

"뭐야, 굳이 그렇게 말한 이유가 뭐지?"

"그래서 뭐 어쩌라고?"

사람들의 생각은 다 다르다는 사실을 배우고 경험해서 알지만, 그럼에도 "나는 당신과 생각이 다릅니다."라는 말에 기분이 상하는 이유는 뭘까? 표현이 매우 날카롭고 자기중심적이기 때문이다. 아무리 좋게 말해도 '다르다'라는 표현은 쉽게 받아들이기 힘들다. 좀 더 세심한 접근이 필요하다.

일상의 예를 들어보자. 여행을 위해 탑승한 열차나 고속버스에서 기분 좋은 마음으로 자리에 앉았는데, 뒤에 앉아 있는 사람이 갑자기 당신의 자리와 연동해 움직이는 커튼을 확 올리거나 내렸다면 기분이 어떨까? 커튼을 올리거나 내리거나 별 상관이 없는 사람이라도 그런 행동에 괜히 기분이 나빠지며 이렇게 생각할 것이다.

'뭐야? 왜 자기 마음대로 커튼을 움직이는 거야?'

'혹시 나를 만만하게 생각하는 건가?'

그러나 만약 뒤에서 커튼을 움직이기 전에 한마디만 했어도 상황은 달라졌으리라.

"눈이 부셔서요, 커튼을 좀 내려도 될까요?"

이 말에 "싫은데요!"라고 응수할 사람은 거의 없다. 상대를 존중하는 태도를 담아 전한 말이기 때문이다.

이번에는 누군가 "SNS에서 만난 인연도 참 소중하다."라는 내용의 글을 감동적으로 썼다고 생각해보자. 그 글에 수많은 사람이 아름다운 댓글을 써서 올리는데 갑자기 교류도 없던 어떤 사람이 이런 식의 댓글을 달았다.

"저는 그렇게 생각하지 않습니다. SNS에서 믿었던 사람에게 배신을 자주 당했거든요. 이런 비현실적인 글을 읽으니 기분이 씁쓸하네요. 다들 정신 차리세요."

어떤 느낌이 드는가? 물론 다들 심정적으로는 이해할 수 있다. 충분히 현실에서 일어날 수 있는 상황이기 때문이다. 하지만 문제는 표현에 있다.

앞서 양해를 구하고 커튼을 내린 사람에게는 웃으며 답한 데 반해 "저는 그렇게 생각하지 않습니다."라고 시작한 댓글에는 인상 쓰며 반응할 수밖에 없는 이유가 뭘까? 바로 타인을 생각하는 마음을 담아내지 못했기 때문이다.

타인의 생각을 존중하며 말하는 언어의 깊이는, 상대가 보낸 시간에 대한 존중에 달려 있다.

양해를 구하며 커튼을 내린 사람은, 앞에 앉아 있는 사람이 열차표를 예매하고 집에서 여기까지 설레는 마음으로 도착한 그 시간을 존중했기 때문에 따스한 마음을 담아 그에게 말할 수 있었던 것이다. 인간에 대한 존중이 없는 사람은 아무리 많은 지식을 쌓아도 그렇게 말하기 힘들다. 그러니 아무도 그의 말을 주의 깊게 듣지 않는다. 연암은 그 가치를 이렇게 설명한다.

> "아무리 친한 사이라도 세 번 달라고 해서 멀어지지 않을 사람 없고, 아무리 원수 같은 사이라 할지라도 세 번 주어서 친해지지 않을 사람 없다."

더 많이 배우는 것만이 능사가 아니고, "어떤 마음으로 상대를 대하느냐?"라는 마음의 태도가 그 사람의 지성과 언어를 결정한다고 생각한 것이다. 그렇다, 저마다 생각이 다르다. 하지만 자신의 생각을 차분하게 그리고 지적으로 잘 설명하는 사람들은 결코 "나는 당신과 생각이 다릅니다."라는 식으로 쉽게 표현하지 않는다. 먼저 타인의 시간을 존중하며 그가 자신의 생각을 정리하고 표현하기 위해 보낸 시간을 마음에 담아라. 그래야 내면에서 잠자고 있던 지성인의 언어가 깨어 나올 수 있다.

만약 자신과 반대로 생각하는 사람이 있다면, 더 부드럽게 자신의 지식과 생각을 전해보자.

"아, 그렇게 생각할 수 있겠네요. 저는 다른 지점을 집중적으로 생각해봤는데, 당신의 생각도 참고하겠습니다."

얼마나 부드럽고 아름다운가? 자기 생각을 강요하려는 마음을 버리고, 상대의 생각을 존중하려는 마음을 담으면 절로 이런 식의 말이 나온다. 아이를 다루듯 언어를 다루면 실패하지 않는다.

아무리 친한 사이라도
세 번 달라고 해서 멀어지지 않을 사람 없고,
아무리 원수 같은 사이라도
세 번 주어서 친해지지 않을 사람 없다.

❖　　사람은 누구나 마찬가지다. 살았던 시간이 길어지면 자신의 경험을 '불변의 진리'처럼 생각하며 상대에게 강요하듯 말하게 된다. 그래서 나이 오십 즈음 되면 이런 사실을 인지하고 경계해야 한다. 자신도 스스로 제어할 수 없는 그런 순간이 찾아오면 늘 이 질문을 기억하자. "굳이 다르다는 사실을 상대에게 날카로운 표현을 사용해 전할 필요가 있을까?" 말과 글로 상대를 압박하고 찌르려고 하지 말자. 그럴수록 자신만 세상에서 멀어질 뿐이다. 늘 말하고 쓸 때 상대가 보낸 세월을 보라. 절로 존중하는 마음이 들며, 오십의 시절을 빛낼 지성인의 언어가 폭포처럼 쏟아져 나올 것이다.

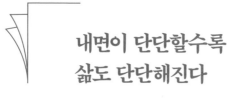

내면이 단단할수록
삶도 단단해진다

세계 어디를 가든 부모들은 늘 비슷한 걱정을 하며 산다.

"우리 아이는 왜 책을 읽지 않을까?"

"글쓰기를 좋아하게 하려면 어떻게 해야 하지?"

방학이 되어 집에만 있는 나날이 이어지면 걱정은 더욱 커질 수밖에 없다. 그래서 남들이 좋다고 추천하는 방법을 사용해서 억지로 책을 읽게 하지만, 결과는 언제나 만족스럽지 않다. 이유가 뭘까? 책에 문제가 있어서도, 부모의 강요나 아이들의 태도에 문제가 있어서도 아니다. 문제는 오직 하나, 아직 책을 읽을 정도로 아이의 내면이 단단해지지 않았기 때문이다. 언제나 문제의 본질을 찾아보면 해결할 답이 보인다.

연암도 이 말에 동의하며 매우 중요한 이야기를 남겼다.

“내면이 단단해져서 철이 들면 누구나 자연스럽게 독서와 글쓰기를 시작하게 된다.”

참 귀한 말이다. 독서와 글쓰기의 가치 그리고 힘이 모두 녹아든 말이라서 그렇다. 흥미로운 사실은 그가 스스로 자기 삶에서 그 말을 증명했다는 것이다. 놀랍게도 그는 1752년 16세 때 결혼했는데 그 전까지는 독서를 즐기지 않는 사람이었다. 그래서 결혼은 연암에게 매우 중요한 사건이었다. 장인과 처숙은 연암의 청년기 이후의 삶을 멋지게 이끈 훌륭한 스승이었다. 연암은 장인에게서 맹자孟子가 전한 ‘말의 깊이’를 배웠고 처숙에게는 ‘글쓰기의 가치’를 배웠다. 치열한 공부로 단단해진 내면 덕분에 철이 들고 마침내 독서와 공부를 스스로 시작하게 되었다.

중요한 것은 그가 단순히 맹자가 전한 지식만 배운 것이 아니라는 사실이다. 바로 이 사실을 통해 오십 이후에 내면의 깊이와 더불어 강도를 높여야 하는 이유를 알 수 있다. 앞서 언급한 대로 그는 맹자가 전한 ‘말의 깊이’와 ‘글쓰기의 가치’를 배웠다. 깊이와 가치를 배웠기 때문에 오십 이후에도 여전히 배우는 지성인으로서 삶의 시동을 끄지 않을 수 있었다. 그 사실을 증명이라도 하듯이 하루 3시간 정도의 잠을 자며 외로움과의 싸움을 지속했다. 혹자는 그의 나약한 정신 세계와 고통을 언급하지만 나는 전혀 다르게 생각한다. 본질에 초점을 맞추면 다른 것을 볼 수 있다. 그는 그런 고통을 이겨내며 동시에 하루 3시간 이하의 수면으로도 버틸 수 있을 정도로 내면이 강해진 것이다. 외로운 것이 아니라 고독의 힘을 깨달았으며, 고통에 시달린 것이 아니라 고통과 함께 멋지게 살아갔다.

연암을 만난 후 나의 일상도 더욱 단단해졌다. 당장 내게는 내일까지 보내야 할 저자 교정 원고가 하나 있고, 다음 주까지 탈고할 원고가 또 하나 있다. 그리고 지난 10년 동안 하루도 거르지 않고 지키고 있는 매일 원고지 50매 분량의 글도 써야 한다. 이렇게 수정하고 써야 할 글이 자꾸 더 생겨도 나는 '매일 원고지 50매 분량의 글쓰기'를 미루거나 취소하지 않는다. 또한 이걸 해야 하니 다른 일은 하지 못한다는 생각도 하지 않는다.

그렇게 일정을 관리할 수 있는 이유는, 매일 원고지 50매 쓰는 일을 단순히 '해야 할 일'이라고 생각하지 않기 때문이다. 전쟁이 나거나 아무리 아파도 이건 그냥 매일 이루어져야 할 숨쉬기와 같다. 전쟁이 나면 싸우고 피하며 고통을 겪는 과정을 글로 쓰면 되고, 몸이 아프면 아파하는 과정에서 얻은 깨달음을 글로 쓰면 된다. 이렇게 스스로 하고 싶은 것을 숨쉬기와 같이 당연히 이루어져야 하는 거라고 확정하고 살면, '루틴'routine이라는 마법이 저절로 모든 것을 해결해준다.

이 모든 변화는 연암의 이야기를 만나 내면의 힘이 강해지면서 시작되었다. 나의 경험처럼 변화는 글쓰기에만 해당하는 것이 아니라, 삶의 모든 부분에 적용된다. 꼭 대단한 일이어야 할 필요는 없다. 매일 팔굽혀 펴기를 30개 정도 하든지, 기획안 1개 작성 혹은 칭찬 세 번 하기를 당연히 해야 할 대상으로 정하고 살면, 누구나 그 분야의 전문가나 대가가 될 수 있다. 일단 시작만 하면 시간이 해결해주기 때문이다. 10년 이상을 지속하면 이렇게 누구나 그 일을 한 줄로 압축한 글을 훈장처럼 갖게 된다. 연암도 마찬가지였다. 그는 평생 독서와 글쓰기를 놓지 않았고, 마침내 그것들을 정의할 한 줄의 글을 발견했다.

> "독서와 글쓰기는 하나의 기록이다. 그리고 기록이란 사람의 인생보다 긴 생명력을 지닌다."

주변에 누군가 책을 읽지 않고 공부를 하지 않는 사람이 있다면 그런 행동 자체를 문제 삼기보다는, 연암이 그랬던 것처럼 혼자서 시간을 보내며 내면이 단단해질 수 있도록 돕는 게 좋다. 철이 들고 내면이 단단해지면, 누구나 자연스럽게 공부와 독서로 자신의 성장을 도모하기 때문이다.

내면이 단단해져서 철이 들면

누구나 자연스럽게 독서와 글쓰기를 시작하게 된다.

❖   나이를 먹을수록 몸과 마음이 약해져서 괜히 나약한 생각이 들게 마련이다.

"이대로 늙는 게 아닐까?", "이제 내 인생도 끝인가?"

하지만 스스로 강해지면 뭐든 할 수 있는 방법이 생기고, 이후에는 좋은 일만 찾아온

다. 그러니 방법을 먼저 찾지 말고, 그걸 해낼 수 있는 내면의 깊이와 강도를 높이는 데

집중하자.

우리의 삶이
한 권의 고전이 되려면

● '삶은 곧 한 권의 고전이다.' 참 멋진 말이다. 고전처럼 깊은 인생이란 무엇을 의미하는 걸까? 삶의 의미를 논할 때 자주 언급되는 사람이 있다. 바로 100세가 넘어서도 현역에서 근사한 활동을 하는 김형석 교수다.

재미있는 일화를 소개하자면, 2021년 1월 김형석 교수는 지방 출장을 위해 김포공항을 찾았다가 난감한 상황을 겪었다. 함께 떠나는 모든 예약자의 티켓이 나왔는데, 이상하게도 그의 표만 발권이 되지 않은 것이다. 시간이 급해 공항 관계자에게 문의했더니 돌연 그의 나이를 묻는 것이었다. 교수는 올해 만으로 101세였다. 알고 보니 두 자리 숫자만 읽도록 설정된 컴퓨터가 100이라는 숫자를 지나쳐 그를 1세로 인식했던 것이다. 정말 많은 것을 시사하는 대목이다. 나이 문제가 아니다. 기계는 아무리 뛰어나도 인간이 설정한 범위에서 한 치도 벗어나지 못한다. 오직 인간만이 범위와 경계를 넘나드는 사색을 주도적으로 즐길 수 있다. 100세에서 1년이 지나면 101세가 된다는 사실을 아는 것만으로도 인간의 가치는 소중하다. 그래서 나는 오십이 되면 경계에 머물지 않고 끊임없이 물음표와 느낌표 사이를 오가는 삶에 가치와 가능성이 있다고 생각한다.

최소 50년 넘게 사람들에게 읽히면 우리는 그 책을 '고전'이라고 부른다. 그 의미를 인간으로 옮겨 생각하면, 한 인간이 태어나 50년 이상 추구하는 생각이 있다면, 또한 그것이 변하지 않고 여전히 가치를 발하고 있다면, 그 사람 자체를 하나의 고전이라고 말할 수도 있다. 그건 흔들리는 이 시대에 어떤 최고의 인공지능에게도 없는, 인간만이 누릴 수 있는 가치이기에 더욱 소중하다.

"읽고 삶에 적용하라."

연암이 책을 읽는 사람들에게 지겹도록 강조하는 문장이다. 이 사실을 모르는 사람은 거의 없다. 다만 방법을 모를 뿐이다. 왜 어떤 사람은 읽고 바로바로 자기 삶에 적용해서 눈에 보이는 차이를 만들어내는데, 어떤 사람은 그런 변화를 창조하지 못하는 걸까? 답은 간단하다.

의식하며 읽지 않기 때문이다.

쉽게 말하면, 그냥 글자만 읽기 때문이다. 그래서 그들은 책은 읽지만 읽은 한 줄의 글을 자신의 삶과 일에 연결하지 못하고 다시 꾸역꾸역 읽기만 한다. 그들이 멈추지 못하고 계속 읽기만 하는 이유는 멈출 지점을 발견하지 못했기 때문이다. 그렇게 의미를 남기지 못하는 사람들은 결국 숫자에만 집착한다.

"나 무려 1,000권 읽은 사람이야."

나이로 치환해서 다시 말하자면 이렇다.

"나 무려 50년이나 산 사람이야."

어떤가? 나이로 비유하니 느낌이 더 선명하게 다가오지 않는가? 변화의 필요성을 느꼈다면 방법을 찾아보자. 의식하며 책을 읽으려면 어떻게 해야 할까? 많은 사람이 '고전'을 찬양하며 그것을 찾아 배우려고 한다. 공자가 살던 시절에도 그랬고, 연암이 살던 시절에도 마찬가지였다. 그들은 언제나 과거 예술과 문화가 가장 찬란하게 빛났던 시대의 작품을 통해 무언가를 얻으려고 노력했다. 그러나 진정한 고전이 무엇인지 알고 있는 연암은 다른 지점을 바라보았다.

"과거가 아닌 현실의 일상에 주목하라."

그의 삶은 우리에게 이렇게 외친다.

"오늘이라는 일상이 우리가 가진 모든 재산이다.

다른 곳이 아닌 현재를 보라.

지금 자주 만나는 사람과

자주 가는 곳에서 의미를 찾아라."

물론 찬란했던 과거 어느 시절의 예술과 문화에서 배우는 행위도 중요하다. 그러나 결국 그 모든 것은 마치 물이 위에서 아래로 흐르듯 이미 오늘이라는 공간에 도착해서 당신을 기다리고 있다는 사실을 기억해야 한다. 진정한 고전은 과거 어느 순간에 있지 않고 바로 지금 당신 앞에 있다. 나이 오십이 지나면 자꾸만 자신의 과거 이야기를 하면서 "그때가 좋았지.", "좋은 날은 다 지났어."라고 말하게 된다. 이에 연암은 자꾸만 과거의 어느 지점만 볼 것이 아니라, 현실이라는 공간에서 과거의 흔적을 찾는 게 중요하다고 강조한다. 그 의식의 흐름을 알아야 비로소 지금까지 살아온 50년이라는 세월을 빛낼 수 있고, 앞으로 살아갈 새로운 50년을 모두가 읽고 싶은 하나의 고전처럼 근사하게 만들 수 있다.

과학자처럼 자연과 세상을 탐구할 필요는 없다. 자기 생각을 말하거나 글로 쓸 때 생각을 증명하려고 애쓸 필요도 없다. 편안하게 생각하자. 그저 생각한 대로 솔직하게 말하고 쓰는 것 자체로 상대에게 저절로 증명할 수 있어야 '고전적인 삶'에 가까워진다.

오십이 되면 적을 물리쳐서 이긴다는 생각이 아닌 자신의 내면이라는 진지를 지킨다는 생각으로 말하고 써야 한다. 그래서 자기 방식대로 생각하는 게 중요하다. 사람은 모두 자신이 가는 길 위에서만 진리를 발견할 수 있기 때문이다. 세상이 부르는 곳으로 끌려가지 말고, 거센 반발과 저항이 만만치 않아도 당신이 서 있는 곳을 고수하라.

오늘이라는 일상이 우리가 가진 모든 재산이다.

다른 곳이 아닌 현재를 보라.

지금 자주 만나는 사람과

자주 가는 곳에서 의미를 찾아라.

❖　　쉽게 짐작할 수 없는 것들을 자주 만나 당신의 것으로 만들라. 다시 말해서 설명할 수 없는 것들을 주변에 많이 두라는 것이다. 무언가에 관해 설명할 수 있는 이유는 설명에 필요한 것들을 이미 알고 있어서다. 그러므로 반대로 우리는 설명할 수 없는 대상으로부터만 배울 수 있다. 더 나아지고 싶다면 알 수 없는 것들을 주변에 많이 두어야 한다. 오십이 가까워질수록 자꾸만 삶이 두려워진다. 도전하지 않고 안주하려는 마음만 앞선다. 그 삶에서 벗어나 알 수 없는 것들을 마음에 담자. 그게 바로 알 수 없는 땅 '열하'로 떠난 연암의 마음이며, 오십 이후에도 매일 배우는 사람의 풍모다.

제4장

분명하고 명쾌한 선택을 돕는
'지적 판단력'

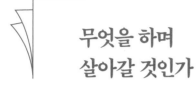

무엇을 하며
살아갈 것인가

● "돈이 되는 일을 선택할 것인가?"

"지금 할 수 있는 일을 선택할 것인가?"

"진짜 하고 싶은 일을 선택할 것인가?"

청년 시절과 마찬가지로 오십이 가까워도 미래를 생각하면 혼란스럽다. 진로를 정하거나 수정할 때 보통 우리는 이 세 개의 선택지에서 하나를 고르게 되는데, 사람들이 많이 선택하는 지점은 '돈이 되는 일'이고, 그다음은 '지금 할 수 있는 일'이고, 거의 선택을 받지 못하는 지점이 바로 '진짜 내가 하고 싶은 일'이다. 청년 시절에도 자신이 하고 싶은 일을 하지 못하고 살았지만 나이 오십이 지나도 역시 일상에 치여 정작 좋아하는 일은 선택할 엄두를 내지 못한다. 물론 모든 선택지가 나름의 의미가 있고, 얼마든지 빛날 수 있는 지점이다. 중요한 것은 "내가 진정 그것을 원하는가?"에 대한 답을 내는 것이다. 하지만 그 답을 찾기가 쉽지 않다. 그럴 때는 이렇게 생각해보면 조금은 더 명확하게 하나를 선택할 수 있다.

선택의 결과를 잘 생각해보자. 당신이 만약 돈이 되는 일을 선택한다면 안정적인 삶을 살게 되고, 지금 당장 할 수 있는 일을 선택한다면 순간의 만족을 높이며 살 수 있다. 그리고 당장 할 수도 돈이 되지도 않지만, 진짜 하고 싶은 일을 선택하면 후회가 없는 인생을 살 수 있다. 물론 돈이 되는 일을 먼저 시작한 다음에 여유가 생기면 하고 싶은 일을 해도 된다. 그러나 인생은 그렇게 생각처럼 풀리지 않으며, 지금 당장 돈이나 현재의 안정을 선택한 사람이 여유가 생긴다고 갑자기 진짜 하고 싶었던 일을 선택하는 것은 쉽지 않다. 돈과 권력 그리고 당장 누릴 수 있는 각종 이득을 손에서 놓는다는 것은 언제나 어려운 일이기 때문이다. 결국 우리가 진정으로 하고 싶은 일은 가난해서 선택하지 못하는 것도 아니고 돈과 명예가 보장된다고 시작할 수 있는 것도 아니다. 그저 선택의 문제일 뿐이다. 그 사실을 명확하게 해야 뭐든 지혜롭게 선택할 수 있으며 오십 이후의 삶에 후회를 남기지 않을 수 있다. 더는 후회할 시간이 남아 있지 않으니 정신을 바짝 차려야 한다.

무엇을 선택하든 그 판단은 언제나 자신의 몫이다. 다만 가장 나쁜 것은 스스로 '선택하지 않고' 주변의 흐름에 휩쓸려 '선택을 당하는' 일상을 사는 것이다. 그리고 내가 지켜본 결과에 따르면 매우 높은 확률로 돈이

나 현재의 안정을 추구한 사람은 시간이 흐른 어느 날 "아, 그때 하고 싶은 걸 했어야 했는데."라며 후회하는 경우가 많았다. 그러나 진실로 자신이 하고 싶은 일을 선택한다면 당장은 주변에서 볼 때 불안정한 상태처럼 보이지만 시간이 지날수록 삶이 점점 단단해진다. 이쯤에서 다시 자신에게 세 가지 질문을 던져보자.

"무엇을 하며 살아갈 것인가?"
"무엇이 내 삶을 후회하지 않게 만들까?"
"내가 살아가는 이유는 무엇인가?"

"다 좋습니다. 그런데 저처럼 하고 싶은 일이 없는 사람은 어쩌죠?"라고 응수하는 사람도 아마 있을 것이다. 연암이 그대 앞에 서 있었다면, 그럴 때일수록 더욱 돌아서지 말고 더 강력한 음성으로 자신에게 이렇게 질문하라고 외쳤을 것이다.

"내게는 정말 하고 싶은 일이 없는가?"

"혹시 돈이 되지 않아서, 당장 안정을 주지 못해서, 세상의 시선으로 볼 때 가치가 없어서, 당신이 하고 싶은 그 일을 자꾸만 지우고 버리는 건 아닌가?"

내가 사람들에게 이런 식의 질문을 던져서 정말로 하고 싶은 일을 찾아주면, 결국 그들의 입에서 나오는 말은 이런 것들이다.

"그 일은 돈이 되지 않잖아요."

"그건 사실 미래가 없는 일이잖아요."

대부분 사람들이 비슷한 생각일 것이다. 실제로 정말 많은 사람이 이렇게 묻는다. 이 부분에서는 자신에게 더욱 솔직해져야 한다. 연암의 삶은 오늘도 우리에게 뜨겁게 묻는다.

"당신은 돈을 벌기 위해 태어났는가?

아니면 그날그날 할 수 있는 일을 하기 위해 태어났는가?

그도 아니면 생각만 해도 심장이 뛰는 그 일을 하기 위해 태어났는가?"

당신은 돈을 벌기 위해 태어났는가?

아니면 그날그날 할 수 있는 일을 하기 위해 태어났는가?

그도 아니면 생각만 해도 심장이 뛰는

그 일을 하기 위해 태어났는가?

❖ 　　연암이 던지는 질문에 우리가 찾아야 할 답이 있다. 오십은 결코 적은 나이가 아니다. 앞으로의 삶에서 후회는 적게, 만족은 크게 만들어나가야 한다. 그건 오십이라는 나이에 대한 의무일 수도 있다. 더 완벽한 판단을 하고 싶다면 계속 질문하자. 인간은 왜 태어났을까? 왜 그 일을 하면서 살고 있는가? 스스로 그 답을 찾아라. 그리고 그대 삶에 적용하라. 그것이 당신 앞에 놓인 어려운 질문 앞에서 가장 현명한 판단을 돕는 재료의 전부다.

'살아남는 지식'이
'살아가는 힘'이 된다

'살아남는 지식'이란 무엇을 의미할까? 누군가에게 배워서 아는 것이 아니라, 일상에서 스스로 깨우친 지식을 말한다. 오십이 되면 그런 삶에 접속해야 그 나이에 주어진 삶의 무게를 이겨낼 지성을 갖출 수 있다. 책에서 혹은 학원에서 배우는 것이 아니라, 살아가는 나날이 곧 배워서 깨닫는 나날이어야 한다. 이 문장을 읽고 일상에 담을 수 있다면 오십 이후에 맞이할 당신의 하루는 더욱 농밀하게 바뀔 것이다.

"현재를 볼 수 있다면, 미래를 가질 수 있다."

'현재'라는 선물을 그대는 어떻게 바라보며 활용하고 있는가? 우리는 간혹 습관처럼 "그거 너무 옛날 스타일 아니야?"라는 말로 누군가의 글과 말을 비판한다. 그러나 잘 생각해보면 세상에 영원한 옛날 스타일은 없다는 것을 알 수 있다. 옛사람이 스스로를 옛사람이라고 생각하지는 않을 것이기 때문이다. 무언가를 보며 옛날 스타일이라고 말하는 것은 언제나 현재 기준에서 바라본 시각일 뿐이다. 연암도 공감하며 이렇게 답한다.

> "세월이 흐르면 노래도 변하고, 아침에 술 마시던 사람도 저녁이면 그 자리에 없다. 모든 일상은 현재의 기준에서 옛날이 되는 것이다."

그러므로 우리가 흔히 사용하는 '현재'라는 표현은 옛날과 비교해 쓰는 것이고, '비슷하다'라는 표현도 '저것'과 비교해서 쓰는 것이다. '비슷하다'라는 것은 비슷하기만 할 뿐이고 '저것'은 그대로 '저것'일 뿐이다. 결국 세상과 일상 그리고 자연은 우리가 바라보는 지금의 시선에 따라 매 순간 변화하며 다른 것을 보여준다. 이후에도 원하는 미래를 잡고 싶다면, 모든 것을 바라볼 때 현재의 모습과 이미지를 보려고 노력해야 한다. 연암은 글쓰기를 통해 그 삶을 시작했고 즐겼다.

조선의 대문호 연암의 삶에서 궁금한 것 중 하나가 바로 '글쓰기'다. 모든 것이 자유롭지 않았던 그 시절에도 자신만의 독특한 세계를 구축했던 연암에게는 어떤 비결이 있는 걸까? 그는 글쓰기에 대한 생각을 자주 자신의 글로 표현했는데, 하루는 이런 말을 한 적이 있다. 오랫동안 반복해서 읽어보며, 글자 너머에 있는 의미가 무엇일지 한번 생각해보라.

"글 안에 녹아 있는 글자 하나하나가 읽는 사람의 마음을 강하게 때려서 하나의 울림을 만들어낼 수 있어야 한다. 읽는 이가 공감할 수 없는 글은 아무리 읽어도 아무런 소리가 나지 않는다. 간신히 어떤 소리가 난다고 해도 우리는 그것은 '잡음'이라고 부를 수밖에 없을 것이다."

그냥 읽기에는 글을 쓰는 사람의 마음이 어떠해야 하는지를 조언한 것처럼 보인다. 하지만 나는 그가 글쓰기를 통해 우리가 오십 이후에 갖춰야 할 태도를 말해줬다고 생각한다. 그는 대상을 보고 판단할 때 보고도 느끼지 못하는 것이, 처음부터 보지 못한 것보다 더 부끄러운 일이라고 생각했다. 발견할 수 있는 안목도 필요하지만, 발견한 후에 아무것도 느끼지 못하는 것은 차라리 발견할 안목이 없는 것보다 더 부끄럽고 여전히 배우는 자의 태도를 제대로 견지하지 못한 사람이라고 말하고 싶었던 것이다. 글을 쓰려는 자는 다음 3단계 과정을 기억하며 살아야 한다.

무언가를 배우는 사람은 반드시 자신이 발견한 지식을, 타인에게 이롭게 가공해서, 좋은 태도로 전달할 수 있어야 한다.

세상에 있는 수많은 지식을 아무리 많이 쌓아도 자신의 것이 되지 못하고 사라지는 이유는 연암이 말한 위 세 가지 조건이 부족해서다. 지식도 하나의 생물이다. 그것을 쌓아 오랫동안 숨 쉬게 하려면 먼저 지식을 발견할 수 있는 '안목'이 있어야 하고, 그것을 통해 타인의 삶을 돕겠다는 '이로운 마음'이 있어야 하며, 마지막으로 자기 이익을 생각하지 않고 세상에 전하려는 '좋은 태도'를 지녀야 한다. 그래야 배운 지식과 지식의 결합을 통해 나온 상품이나 서비스가 '잡음'이라 불리지 않을 수 있다.

읽는 이가 공감할 수 없는 글은
아무리 읽어도 아무런 소리가 나지 않는다.

❖　　글쓰기와 공부는 서로 닮아 있다. 모든 공부는 자신에게만 좋은 것을 주려는 것이 아니라, 그것이 필요한 누군가에게 주려는 마음이 서로를 강하게 때릴 때 가장 아름다운 소리가 난다. 그렇게 탄생한 것만이 '살아남는 지식'으로 생존할 수 있다.

'세상과 타협하지 않는다'의
진짜 의미

여러 의견을 모아서 좋은 방향으로 끌고 갈 수 있을 것 같은데, 타협하지 못해서 자꾸만 분쟁으로 이어지는 상황을 보면 이런 생각이 든다.

"저들은 왜 쉽게 타협하지 못하는 걸까, 아니면 타협하지 않는 걸까?"

전자와 후자는 전혀 다른 문제다. "원만하게 어울리지 못하는 걸까, 그렇게 하지 않는 걸까?"라는 말과 마찬가지이기 때문이다. 전자와 후자는 전혀 다른 의미를 담고 있다. 쉽게 타협하지 못하는 것은 바꾸지 않는다는 '내적 고집'을 의미하지만, 타협하지 않는 것은 타협해서 쉽게 일을 처리할 수도 있지만 스스로 만족할 때까지 더 정성을 쏟겠다는 '완벽에 대한 의지'를 말하기 때문이다.

원만하게 어울리지 못한다는 표현도 마찬가지다. 원만하다는 말에는 '대충'이라는 말이 녹아 있다. '대충 된 것 같으니 원만하게 처리하자'라는 생각으로 일을 진행하면 누구나 쉽게 마무리 지을 수 있다. 하지만 우리는 그 마무리가 최선의 결과로 이어지지 않을 가능성이 크다는 사실을 알고 있다. 그래서 연암은 살면서 '타협하다'와 '원만하다'라는 두 개의 표현을 매우 조심스럽게 다뤘다. 이 말은 과연 무엇을 의미하는 걸까? 다음에 소개하는 에피소드에 그 답이 있다.

하루는 열하로 가는 길 고죽성孤竹城(요동 땅) 부근 난하灤河에서 연암은 사람들이 그곳의 아름다운 풍경을 바라보며 내놓는 탄성을 집중해서 자세히 들었다. 그들은 대개 이런 식으로 산수의 아름다움을 표현했다.

"와, 산수가 정말 그림 같네."

그러나 그들을 오랫동안 지켜보던 연암은 마침내 반드시 전해야 할 무언가를 드디어 찾아낸 듯한 표정으로 이렇게 반문했다.

"여보게, 산수가 그림 같다니. 당신은 산수도 모르고, 그림도 모르는군. 무엇이 먼저인지 생각해보게. 산수가 그림에서 나왔겠는가? 그림이 산수에서 나왔지."

정말 맞는 말이다. 그리고 요즘도 마찬가지다. 간혹 우리는 뛰어난 자연 풍광을 바라보며 "와, 그림처럼 멋진 풍경이다."라고 말하기도 한다. 그러나 연암의 말을 응용하면 그것 역시 올바른 표현이 아니다. 자연이 먼저 나온 것이지 그림이 먼저가 아니기 때문이다. 언뜻 보기에 그리 중요한 문제가 아닌 것처럼 보일 수도 있지만, 생각보다 중요한 이유는 '사건과 행위의 근본이 무엇인지' 혹은 '어떤 일의 본질이 무엇인지'를 제대로 파악할 수 있는 시선의 힘을 길러주기 때문이다. 앞서 언급한 '그냥 다들 말하는 대로 원만하게 타협하는 마음'으로 만물을 대한다면 도저히 가질 수 없는 능력인 셈이다. 그 지적 판단력이 연암의 삶에 무엇을 선물했는지 한번 살펴보자.

열하를 오가며 연암은 눈앞에 보이는 갖가지 수레를 세심히 관찰했다. 여기에 그의 경쟁력이 하나 있다. 바로 누군가에게 도움을 주려는 시선이다. 생각해보라. 자기 삶에서 큰 어려움이나 불편을 전혀 느끼지 못하는 사람이 그것도 전혀 모르는 나라에서 말을 타고 지나가며 무언가를 집중해 관찰한다는 것은 쉽지 않은 일이다. 다른 이들의 일상에 도움을 줄 무언가를 발견하려는 의지가 일상에 루틴처럼 자리 잡고 있기에 가능하다. 그 마음 덕분에 연암은 당시 자신에게 주어진 현실에 타협하지 않을 수 있었고, 그 결과 다른 조선인에게는 보이지 않는 수많은 것들이 그의 눈에만 보이기 시작했다.

그 발견의 순간을 짧게 압축해서 소개하면 이렇다. 당시 북경에는 오늘날 승용차 역할을 하던 '태평차'太平車라는 수단이 있었고, 군사용으로 활용했던 '포차'砲車, 각종 화물을 운반하기 위해 사용하던 '대차'大車, 장사에 주로 쓰던 '독륜차'獨輪車 등 수많은 수레가 다녔다. 연암은 조선에 없는 이 각종 수레의 원리를 바라보며 경탄하는 동시에 수레를 제대로 활용하지 않는 조선의 현실을 답답하게 여겼다. 그렇게 하나의 질문을 내면에서 꺼내게 되었다.

"왜 우리 조선은 수레를 다양한 방식으로 활용하지 못하는가?"

실제로 당시 조선에서는 상식적으로 이해하기 어려운 이상한(?) 일이
자주 일어났다. 새우젓 하나를 놓고도 한쪽에서는 그것을 각종 요리에
활용해서 즐겼지만, 다른 곳에서는 그것이 무엇인지 몰라 쓰지 않았고,
어느 곳에서는 그 귀한 새우젓을 비료로 썼다. 더 놀라운 사실은 양이
많아 비료로 모두 사용하지 못한 경우에는 쓰레기라고 여겨서 그냥 버
렸다는 것이다. 그렇게 같은 식재료에 대한 인식이 모두 다른 이유에 대
해 연암은 이렇게 설명한다.

"여기에서는 흔한 물건이 다른 지방에서는 귀하다. 그게 좋다는 소
리와 무엇이라 부르는지 이름에 대해서는 들었는데, 정작 눈으로
그 물건을 볼 수 없는 이유는 대체 무엇인가? 이는 전국에 있는 각
종 물건을 원하는 지역으로 배달할 적절한 수단이 없기 때문이다."

그는 당시 조선이라는 좁은 나라에서 백성의 생활이 이토록 가난한
것은 수레가 다니지 않기 때문이라고 생각했다. 물론 당시 조선에도 수
레가 있었지만, 바퀴가 온전히 둥글지 못하고 규격이 제각각이라 멀리까
지 이동하기 힘드니 없는 것과 같았다. 이 문제를 고민하던 연암은 불편
한 현실을 이겨낼 방법을 두 가지 질문으로 나눠서 강구했다.

1. 왜 필요한가?

수레를 최소한 두 가지 형태로 나눠야 한다. 하나는 '사람이 타는 수레', 다른 하나는 '짐을 싣는 수레'이다. 그리고 이것들은 백성의 삶에 매우 중요해서 시급히 도입되어야 한다.

2. 어떻게 대중에게 보급할 것인가?

수레의 생명은 바퀴의 크기와 모양에 달려 있다. 바퀴의 효율적인 관리와 활용을 위해 수레바퀴 규격의 표준화가 필요하다. 쉽고 빠르게 이동할 수 있다면, 백성의 삶은 저절로 나아질 것이다.

연암이 열하를 여행하며 조선에 견고한 수레와 그에 맞는 바퀴의 표준화가 필요하다고 주장한 것은 매우 유명한 이야기다. 창의적인 그의 생각과 치밀한 관찰력이 돋보이는 부분이다. 그러나 우리는 언제나 그 결과가 어디에서 비롯된 것인지 '창조의 시작점'을 찾을 수 있어야 한다. 그게 바로 그처럼 '순간적인 지적 판단력'을 가질 수 있는 지름길이기 때문이다. 만약 연암이 이미 세상에 존재하는 수많은 정의와 이론을 그대로 답습하며 살았다면, 우리가 아는 그의 모습과 이미지는 지금과 매우 달랐을 것이다. 아니, 특별할 것 없어 지금까지 그 이름이 남아 있지 않았을 것이다.

눈으로 색깔을 보는 것은 다 같다.

그러나 보고도 똑똑히 보지 못하는 자가 있고,

똑똑히 보고도 잘 살피지 못하는 자가 있다.

이는 눈이 다르기 때문이 아니라

심령에 트이고 막힘이 있기 때문이다.

❖ 　　과거를 답습하며 살게 되는 오십 무렵에는 창조와 지적 판단력 같은 키워드가 더는 자신의 것이 아닌 일상을 살게 된다. 그러나 당신이 만약 연암처럼 세상과 원만하게 타협하지 않을 수 있다면, 동시에 누군가에게 도움을 주려는 마음을 간직하고 있다면, 나이와 관계없이 얼마든지 그의 놀라운 지적 판단력을 당신만의 것으로 만들 수 있다.

매일 오래된 자신에게서
벗어나라

"나… 암이라고 하네."

"아니야. 나, 괜찮아. 걱정하지 마."

"집에서 다시 이야기하자. 나, 회사 복귀해야 해."

한 중년 남성이 종합병원에서 진료 결과를 받고 나와 의자에 털썩 주저앉으며 마침 가족에게 걸려온 전화에 답한 내용이다. 짧았지만 도저히 집중하지 않을 수 없는 매우 길고 무거운 시간이었다. 경험이 있는 사람이라면 알겠지만, 사람이 많이 찾는 서울의 종합병원에서는 MRI 촬영 일정을 잡기도 쉽지 않다. 촬영을 마친 후에도 결과를 듣기까지 최소 1주일 정도는 기다려야 한다. 결과를 기다리는 1주일은 그간 보낸 시간과 밀도 면에서 전혀 다르다.

"내가 암이라고? 설마?", "암이라면 어쩌지?", "가족들에게 미안해서 안 되는데." 이런 막연한 생각 속에서 자신보다 힘들 가족을 먼저 생각하기도 한다. 착해서가 아니다. 모든 것이 아름답고, 모든 사람이 소중하며, 세상에 화낼 일이 하나도 없다는 삶의 진리를 깨닫고 실천하는 1주일이기 때문이다. 우리는 언제나 위험한 상황이 찾아와야 비로소 삶의 소중함을 깨닫는다. 오십 즈음에는 더욱 이런 일이 자주 생긴다. 주변에 태어나는 사람보다 세상을 떠나는 사람의 숫자가 더 많아지는 그런 나이이기 때문이다.

내가 자주 찾는 곳에 낡은 펜션이 하나 있다. 요즘 리모델링을 위해 한참 공사를 하고 있다. 순간 이런 생각이 들었다. 아무리 최고 자재로 화려하고 웅장하게 리모델링을 마쳐도 결국 공간 자체는 같은 것 아닌가? 같은 공간에서 음식을 먹고 잠을 자고 책을 읽는 것은 인테리어와 전혀 상관없는 행위가 아닌가? 꼬리에 꼬리를 무는 생각은 결국 이런 질문으로 이어졌고, 나를 더욱 사색하게 만들었다.

"우리는 왜 자꾸 환경 핑계만 대고 있는가?"

나도 앞서 언급한 사람처럼 암 선고를 받은 적이 있다. 힘들고 아프다는 것을 경험으로 알고 있다. 죽을 거라고 생각했던 사람이 극적으로 살아나면 시선과 사유가 깊어진다. 헤어나올 수 없다고 생각한 곳에 빠졌다가 나온 경험이 그 사람 인생에 깊이를 부여하기 때문이다. 누구나 '자기 삶의 깊이'를 지니고 있다. 다만 바보처럼 경험하고 나서야 '깊이'를 깨닫는 셈이다.

나이 오십이라면 이제는 그 깊이를 발견해야 한다. 이에 연암은 일찌감치 그 진리를 깨닫고 이렇게 말했다.

> "우리는 이미 모든 것을 갖고 있다. 다만 그것을 알아차리지 못한 상태에서 살고 있을 뿐이다. 흰 두루미만 본 사람은 처음 까마귀를 보면서 비웃고, 오리만 본 사람은 처음 학의 자태를 보고 위태롭게 여긴다."

사물은 스스로 무엇도 결정하지 않지만, 그것을 제대로 파악하지 못하는 인간이 스스로 흠을 잡고 자기가 본 것과 다른 것이 있으면 그저 부정하기에 급급한 인생을 사는 것이다. 가장 위태롭고 가장 많은 흠을 가진 존재가 바로 자신임을 모른 채 말이다.

인생의 최고 가치로 여기는 행복과 기쁨, 만족과 사랑도 마찬가지다. 우리는 그것들을 이미 모두 가지고 있다. 물론 겉으로 느껴지는 새로움과 만족도 중요하다. 그러나 오십이 되어도 자기 삶의 중심을 볼 수 있다면, 그리하여 오래된 자신을 떠나 생각할 수 있다면 이후에 맞이하는 일상은 차츰 달라지기 시작한다. 낡은 펜션을 새로운 자재로 리모델링 공사를 해야 거기에서 만족스러운 일상을 보낼 수 있는 게 아니라, 지금 여기 낡았다고 생각하는 곳에서도 중심을 볼 수 있다면 만족스러운 나날을 보낼 수 있다. 벽돌과 벽지는 낡았지만 공간은 낡지 않았기 때문이다. 오히려 가장 낡은 것은 그렇게 바라보는 우리의 시선이 아닐까? 연암은 이렇게 답한다.

"중심을 놓치고 선입견에 사로잡힌 사람은 사물을 제대로 볼 수 없다."

고정된 틀에 맞추어 무언가를 바라보는 행위로는 무엇도 제대로 발견하기 힘들다. 보통 검은색을 떠올리면 다른 형태로 변할 수 없는 상태라고 생각하기 쉽다. 하지만 일상 속에서 모든 불가능에 가능성을 허락했던 연암의 삶과 시각은 "검은색 그 안에 온갖 아름다운 빛과 색이 숨어 있다."라고 말한다. 세상일은 결코 단순하지 않다. 우리가 검은색의 가능성을 처음부터 포기한 이유는, 눈으로 보기도 전에 마음으로 판단을 내렸기 때문이다.

색깔을 논하면서도 마음과 눈으로 미리 정한다면
바로 보는正見 것이 아니다.

❖   오십부터는 오래된 자신에게서 벗어나라. 그리고 새로운 자신과 조우하라.
그런 삶을 살고 싶다면 가장 먼저 자기 삶의 깊이를 발견해야 한다. "나는 여기에서 무
엇을 보고 있는가?", "살아가면서 내게 소중한 것은 무엇인가?", "무엇이 현재의 나를
만든 것인가?" 질문을 반복하면 지금은 보이지 않는 자신의 깊이를 찾게 될 것이다.

하나의 사물에서
천 개의 영감을 찾는 변주의 힘

한 분야에서 달인과 평범한 사람의 차이는 어디에서 비롯될까? 이를 오랫동안 연구하고 깊이 관찰했던 연암은 매우 명확한 비유로 이렇게 답한다.

> "달인은 한 가지를 들으면 열 가지를 눈앞에 떠올린다. 마찬가지로 열 가지를 보면 백 가지를 마음속에 그린다. 그러나 보통 사람은 그렇지 않다. 이를테면 그들은 자기가 아는 세계를 통해서만 창밖의 세계를 이해하려 든다."

정말 근사한 생각과 표현이다. 이 글 자체가 자신이 언어 활용의 달인이라는 사실을 강력하게 보여준다. 언어 활용의 달인인 그가 이 멋진 말을 창밖을 바라보다가 문득 떠올렸을 것 같다. '창밖의 세계'를 중심으로 해서 나온 글이기 때문이다. 당시 연암은 생각이 좁은 사람들이 판치는 세상을 못마땅하게 여겼는데, 마침 창문이 눈에 보였고 그에게 주어진 상황과 자신이 하려는 말을 각각 '달인'과 '평범한 사람'들의 시선으로 변주해서 표현했다. 이 글 자체가 바로 상황을 단번에 정리하는 지적 능력의 가치를 보여주며, 연암의 수준 높은 변주의 힘을 증명한다.

지금도 그렇지만 당시에도 자신이 아는 좁은 세계를 통해서만 바깥을 바라보려고 하는 사람이 많았다. 하루는 제자 박제가에게 《북학의》 서문을 써서 전했는데, 그 글에서도 연암의 답답한 마음을 느낄 수 있다.

> "우리 조선의 선비들은 세상 한 모퉁이 그것도 구석진 땅에서 태어났으면서도, 매우 좁은 시선으로 세상을 바라보며 살고 있다. 중국이라는 나라의 존재는 알고 있지만, 실제 발로 중국 대지를 한번 밟아보지 못했고, 직접 중국 사람을 본 적도 없다. 태어나서 늙고 병들어 죽을 때까지 자신이 살아가는 그 좁은 공간을 벗어나지 못하는 셈이다."

이처럼 연암은 매우 편협한 시선으로 살아가며 그것이 마치 정답이라도 되는 것처럼 주장하는 조선의 양반들에게 일침을 가했다.

그러나 당시 조선의 사회 분위기에서는 그의 분노를 그대로 표현할 수 없었다. 그는 그 답답한 마음을 이렇게 까마귀와 백로의 이미지로 변주해서 표현했다.

> "까마귀는 모든 새가 검은 줄 알고 있고
> 백로는 다른 새가 희지 않음을 이상하게 생각하네.
> 검은 놈 흰 놈이 저마다 자신만 옳다고 여기니
> 하늘도 그 어리석은 싸움에 싫증이 나겠군."

연암이 지은 〈발승암기〉髮僧菴記의 한 대목이다. 이렇게 까마귀와 백로를 통해 자신이 하려는 이야기를 변주해서 주장한 연암이 만약 생각한 그대로 적었다면 아마 이런 글이 되었을 것이다.

"이 답답한 사람들아, 당신이 양반이면 다 되는 건가! 진실로 자신이 부족하고 타인의 것이 아름답다면 오랑캐에게라도 찾아가 고개를 숙이고 배워야 한다. 나이만 들면 뭘 하겠는가! 이 좁은 조선 땅에는 삶에 달관한 지혜로운 사람은 적고, 자신이 바보라는 사실조차 모르는 완전한 바보들만 가득하네. 어리석은 사람들을 보니 도저히 입을 다물고 침묵할 수가 없구나!"

어떤가? 하나의 사물에서 다양한 영감을 발견해서 자신이 원하는 형태로 변주하는 힘이 왜 중요한지 느낌이 오는가? 나는 이런 변주의 힘이 한국인의 문화 DNA에 분명 존재한다고 생각한다. 우리가 살아가는 일상을 잘 생각해보면 그 이유를 알 수 있다. 아침에 일어나 밤새 머물던 공간에서 이불을 개기만 해도 단숨에 깨끗하고 넓은 상태로 바뀐다. 공부할 때나 식사할 때도 마찬가지로 따로 펴서 사용하는 책상이나 밥상이 있다. 하려는 일이 끝나면 다시 상을 접고 보이지 않는 곳에 넣으면 다시 수월하게 처음으로 돌아갈 수 있다. 좁은 공간 하나에서 수많은 일을 하면서 살아갈 수 있는 것이다.

하나의 공간을 다양하게 활용하는 것, 나는 그것이 한국인이 가진 '변주의 힘'이라고 생각한다. 물론 이제는 서양처럼 침대와 식탁을 곳곳에 고정하고 사용하는 가정이 많지만, 그럼에도 우리가 가진 문화 DNA의 속성은 쉽게 변하지 않는다. 더구나 나이가 어느 정도 있다면 침대나 고정된 식탁이 아닌, 앞서 소개한 필요할 때만 펼쳐서 사용하고 순식간에 다른 공간으로 변주가 가능했던 과거에 익숙하기 때문에 내면에 더욱 '변주 유전자'가 풍부하게 들어 있을 거라고 생각한다.

여전히 우리에게는 가능성이 남아 있다. 앞으로의 세상에서 자신의 경쟁력을 높이기 위해서는 하나의 사물에서 혹은 공간에서 다양한 것을 만들어내는 변주의 힘을 자기 안에서 찾아 발전시켜야 한다. 하나에서 백 개의 가능성을 찾는 사람이 될 수 있다면, 그 백 개가 다시 천 개가 되는 것은 시간 문제이다.

다시 연암의 일상과 생각을 통해 과연 그런 삶에 어떤 가치가 있으며, 우리에게 어떤 영향을 미치는지 하나하나 알아보자. 연암이 자신에게 물었듯이 스스로에게 물어보자.

"까마귀는 무슨 색인가?"

까마귀를 처음부터 검다고 생각하면 이런 질문은 아예 시작도 할 수 없다. 중요한 지점이다. 세상이 정한 규칙과 질서에서 벗어나 연암이 자신의 틀에서 생각할 수 있었던 힘은, 모든 것을 수용할 줄 아는 그의 다양한 시선에 있다. 그는 햇살이 비추는 각도에 따라 다르게 보이는 까마귀의 모습에 대해 이렇게 말했다.

"저 까마귀를 보라. 스치듯 보면 정말 검은 깃털이다. 그러나 시간을 두고 바라보면 옅은 황금색이 보이기도, 다시 녹색으로 반짝이기도 한다. 해가 가장 강하게 비치는 순간에는 자줏빛이 솟아나고, 동시에 눈이 부시면서 마지막에는 밝고 고운 초록색으로 변한다."

농밀한 시선이 녹아든 지적 판단력이 없었다면 볼 수 없는 풍경을 통해 그는 이런 결론을 내렸다.

"그러므로 푸른 까마귀라 불러도 괜찮고, 붉은 까마귀라고 말해도 상관없다. 까마귀는 원래 정해진 색깔이 없다. 이처럼 눈으로 봐도 제대로 보기 힘든데, 사람들은 실제로 보지도 않으면서 마음속에서 미리 판정해버린다. 그 때문에 제대로 관찰할 기회조차 자신에게 주지 못하는 것이다."

물론 까마귀가 검다는 것은 일반적인 상식이다. 그러나 그런 생각으로는 하나의 사물에서 천 개의 영감을 찾는 변주의 힘을 발휘할 수 없다.

변주의 힘을 통해 연암은 까마귀와 정반대에 서 있다고 생각되는 백로를 관찰하며 이렇게 말한다.

> "백로는 당연히 온몸이 하얗다. 그런데 사람들은 백로와 까마귀를 굳이 비교하면서 '하얀 것'은 옳은 것이고 좋은 것이고 높은 것이라고 생각한다. 반대로 '까만 것'은 그른 것이고 나쁜 것이고 낮은 것이라고 비웃는다."

까마귀와 백로를 관찰한 내용을 종합해서 변주한 글이 바로 서두에 소개한 연암의 〈발승암기〉의 한 대목이다. 물론 연암처럼 단숨에 어떤 사물에서 수백 개의 영감을 발견해서 원하는 방향으로 변주하는 것은 쉬운 일이 아니다. 그러나 이 책을 천천히 그리고 꾸준히 읽는다면, 책에 녹아든 연암의 지성을 통해 누구나 그 능력을 가질 수 있으리라 확신한다.

달인은 한 가지를 들으면 열 가지를 눈앞에 떠올리고
열 가지를 보면 백 가지를 마음속에 그린다.

❖　　　나이가 마흔만 넘어도 그간 경험한 것이 많기 때문에 쌓아둔 경험이 이끄는 다양한 시선으로 세상을 볼 수 있어 유리하다. 다만, 지금 읽은 이 글을 마음으로 이해할 때까지 계속 반복해서 읽어보라. 외우려고 하지 말고 마음에 어떤 하나의 이미지로 남을 때까지 읽는 것이 중요하다. 하나를 오랫동안 깊숙이 바라본다는 생각 그 자체가 변주의 힘을 기르는 삶의 시작이다.

지성은 부끄러움을 아는 삶에서 시작한다

● 나도 글을 쓰고 강연을 하지만, 무대에서 훌륭하게 강연을 하고 누가 읽어도 근사하게 느껴지는 글을 쓰는 사람을 보면 그렇게 매력적일 수가 없다. 특히 오십을 맞는 중년에게 유창하게 말하고 멋지게 글을 쓴다는 것은 분명 이 시대에 필요한 지적 무기다. 표정이나 행동으로 마음을 직접 보여주기 힘든 비대면 시대에서는 더욱 그렇다.

하지만 문제는 때로 그것들이 자신을 망치는 무기로 쓰이기도 한다는 사실이다. 부끄러워해야 할 순간을 교묘히 피해가며 마치 자신은 하나도 실수하거나 잘못한 것이 없는 사람처럼 만드는 데 사용한다. 언어를 제대로 배웠다면 그 언어를 임기응변으로 부끄러운 순간을 빠져나오는 데 쓰지 않고, 오히려 자신의 부끄러움을 더 가까이 느끼기 위해 써야 한다. 그게 바로 언어라는 지적 무기를 제대로 배우고 활용하는 자의 풍모다. 자랑하려고 글과 말을 배우는 게 아니라, 스스로 자신의 부끄러운 모습을 보며 겸손하기 위해 배운다고 생각하는 것이 더욱 자신을 위하는 길이다.

그러나 우리는 다양한 매체와 조직에서 중년의 관리자와 정치인들이 거짓으로 분열을 조장하기 위해 언어를 못되게 사용하는 모습을 자주 목격했다. 연암이 살던 시대도 마찬가지였다. 그는 말과 글이라는 무기를 앞세워 권력에 아첨하고, 힘을 얻기 위해 무고한 사람을 음해하며, 사회를 해치는 데 혈안이 되어 있는 자들을 경멸했다. 그러면서 자신의 부끄러움을 알기 위해서는 현재 자신이 어떤 언어를 사용하고 있는지 그것부터 깨달아야 한다고 강조하며 이렇게 말했다.

"부드러운 털을 아교로 붙여 끝이 뾰족한 붓을 만들었다. 이를 오징어의 먹물에 담갔다가 위아래로 치고 마구 찌른다. 굽은 획은 마치 냉혹한 갈고리 창과 같고, 날카로운 획은 칼끝 같으며, 예리한 획은 칼날처럼 잔인하다. [……] 이런 냉혹한 무기들을 한 번 휘두르면 세상 모든 귀신이 놀라 뒷걸음질을 칠 정도이니, 서로 해치고 상처를 주는 데는 너희들보다 잔혹한 놈이 누가 또 있겠느냐?"

참 이상하다. 많이 배워서 말과 글에 능한 사람이 많은 곳일수록 뻔뻔한 사람이 많고, 오히려 말과 글이 통하지 않는다. 저마다 부끄러움을 모르고 자신을 옹호하기 위해서만 언어를 악용하기 때문이다. 그러나 이런 상황은 어느 시대나 마찬가지였던 것 같다. 같은 문제로 오랫동안 사색하며 답을 찾았던 연암은, 인생 후반전을 이제 막 시작하는 사람들이 부끄러움을 아는 인간으로 진화하기 위해서는 다음 3단계 과정이 필요하다고 조언한다.

1. 자신을 보라

자신의 이익이 아닌, 자신이 머무는 공간이 추구하는 이념도 아닌, 있는 그대로의 자기 자신을 바로 봐야 한다. 그래야 현실의 자신을 제대로 인식할 수 있고, 부끄러운 자신의 모습도 발견할 수 있기 때문이다. 남보다 못한 것을 부끄러워하지 않고서는 남과 어깨를 나란히 할 수 없다. 물론 여기에서 말하는 '남보다 못한 것'은 돈이나 지위가 아닌 '부끄러움을 아는 최소한의 도덕성'을 말한다.

2. 부족함을 느껴라

연암의 삶은 오십을 시작하는 이들에게 "사람에게 부끄러움이 없을 수 없으니, 부끄러움이 없었다는 것을 부끄러워하는 것이 오히려 부끄러움이 없는 것이다."라고 말한다. 이 글은 매우 섬세한 표현으로 이루어진 글이니 최대한 차분한 상태에서 반복해 읽어야 비로소 그 안에 담긴 깨달음을 발견할 수 있다. 인간은 누구도 완벽하지 않으니 먼저 스스로 그것을 인지할 수 있어야 하며, 그런 사람만이 부끄러워해야 할 것들을 하나하나 발견할 수 있고 자신을 당당한 존재로 만들 수 있다.

3. 부끄러운 마음을 소유하라

연암은 '인간의 완벽성'이 아닌 '부끄러워하는 마음'이 오십 이후의 삶을 빛나게 할 위대한 지적 무기라고 생각했다. 그의 생각처럼 사람에게 부끄러움이란 큰 것이다. 교묘하게 임기응변하는 자는 부끄러움을 쓸 곳이 없기 때문이다. 부끄러운 마음을 자신의 일상 곳곳에 제대로 활용하면 부끄러워하는 만큼 앞으로 나아갈 수 있다. 부끄러운 마음을 버릴 것으로 여기지 말고, 소유해서 아끼려는 마음으로 대하는 게 자신을 위해 좋다.

실수한 것이 아니라 실수했다는 사실을 인정하지 않는 것이, 잘못을 저지른 사실이 아니라 잘못에 대한 사과를 하지 않는 것이 가장 부끄러운 일이다. 마찬가지다. 어떤 지식을 모르는 것이 아니라, 모른다는 현실을 인정하고 배우고자 나서지 않는 것이 진정 부끄러운 일이다. 그러나 그런 단편적인 사실보다 무서운 것은, 부끄러움을 모르는 삶은 결국 비도덕적인 일상과 무지로 이어진다는 것이다. 부끄러움을 모른다는 것은 스스로 자신의 삶을 파괴하겠다고 공언하는 것과 같다. 다시 말해서 우리는 누구라도 자신의 부끄러움을 안다는 것만으로도 위대한 인생을 살 수 있다. 그런 사람은 자신을 알고 세계를 알고자 분투하기 때문이다.

이쯤에서 우리는 이렇게 자문하게 된다.

"만물을 평등한 시선으로 바라보는 것은 왜 그토록 힘든 일인가?"

모든 것을 평등하게 바라보면서 우리는 그 대상에게서 무언가를 배울 수 있으며, 동시에 왜 겸손해야 하는지 깨달을 수 있다는 사실을 잘 안다. 하지만 참으로 실천하기 어렵다. 그 이유에 대해서 연암은 이렇게 자연에 비유하여 말한다.

> "우리 인간은 냄새나는 가죽 부대 속에 문자 몇 개 가지고 있는 것에 불과하다. 그런데 저 나무에 매달려 우는 매미 소리와 깊은 땅속에서 내는 지렁이 소리가 어찌 책을 읽고 시를 읊고 있는 것이 아니라고 확신할 수 있는가?"

맞는 말이다. 인간은 배우면 배울수록 점점 거만하게 변한다. "저 사람은 나보다 못 배운 사람이야." "학위가 있으니 내가 저 사람보다 아는 게 많지." 동물과 곤충, 식물까지도 마찬가지다.

이번에는 연암의 말에 동의하며 맹자가 우리에게 묻는다.

"남보다 못한 것을 부끄러워하지 않고서 어찌 남만 하겠는가?(불치불약인, 하약인유不恥不若人, 何若人有)"

오십 이후 세상을 떠나는 날까지, 이 글을 오랫동안 기억하며 살자. 부끄러움을 안다는 그 자체가 바로 지적인 삶의 시작을 알리는 신호와 같다.

만약 석가여래의 혜안으로 온 세계를 두루 본다면
평등하지 않은 게 없겠지.
모든 것이 평등하다면
질투와 부러움은 저절로 없어질 것이다.

_____

_____

_____

_____

❖　　　바람에 흔들리는 저 갈대가 슬픔을 노래하고 있는 것이 아니라고 어떻게 장담할 수 있는가. 만물을 평등하게 본다는 것은 모든 것에서 배울 수 있다는 사실을 의미한다. 글을 쓰고 책을 읽기 위해서는 그러한 시선이 무엇보다 필요하다. 만물을 평등하게 바라볼 수 없다면 어떤 지적 행위를 100년을 반복해도 단 한 걸음도 앞으로 나아가지 못한다.

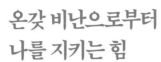

온갖 비난으로부터
나를 지키는 힘

누군가가 애써 만든 창조물을 가끔 심할 정도로 비난하는 사람이 있다. 창조물은 눈에 보이는 책과 상품이 될 수도 있고, 보이지 않는 서비스나 태도일 수도 있다. 참 무례하다는 생각이 절로 드는데, 이를테면 다음과 같은 방식으로 무언가를 비난하는 글을 쓴다.

중식을 파는 식당에 대해 엉뚱한 부분을 건드리며 칭찬을 시작한다. "여기는 의자가 튼튼해서 좋네.", "여기 단무지 맛집이네." 이렇듯 주제와 전혀 맞지 않는 내용을 칭찬하는 이유는 크게 두 가지다. 나도 좋은 것을 볼 줄 알고 비난만 하는 사람은 아니라는 것을 보여주기 위함이다. 좋은 부분을 살짝 건드린 후 이제 본격적으로 식당을 비난하는 글을 쓴다. 이래서 싫고 저래서 싫고 그냥 작정하고 다 싫다는 내용의 글을 쓰는 그들의 공통점은 보기만 해도 싫은 식당이라 처음부터 비난의 시선으로 바라본다는 것이다. 분노가 가득한 상태로 음식을 맛보니 뭔들 마음에 드는 구석이 있을 리 없다.

세상에는 본질을 보려고 하지 않고 창조자의 마음에 상처를 주는 사람들이 생각보다 많다. 그 이유는 무엇이고, 어떻게 하면 우리는 이런 고통에서 벗어날 수 있을까?

우리는 모두 각자의 영역에서 무언가를 창조하며 살아간다. 작가는 글을, 작곡가는 음악을, 자영업자는 제품이나 서비스를, 직장인은 기획안이나 제안서 등을 일상에서 창조하며 사는 셈이다. 이처럼 창조는 특별한 사람만이 할 수 있는 거창한 것이 아니다. 우리를 살게 하는 모든 것은 창조이며, 창조에는 반드시 비난과 비판이 따른다. 이유는 간단하다. 새로운 것이기 때문이다. 앞에서 언급한 사람 역시 마찬가지다. 그가 나쁜 사람이라서가 아니라, 지금껏 보지 못한 낯선 세상을 만나 단지 부정적인 감정이 앞선 것이다.

연암 역시 사는 동안 매우 다양한 종류의 비난을 받았고, 그 고통을 온몸으로 견뎌내야만 했다. 아무리 능력이 뛰어나도 비난으로부터 자신을 지키지 못하는 사람은 결코 오래갈 수가 없다. 비난은 그 사람의 내면에 침투해서 '정신'이라는 양분을 갉아먹고 살기 때문이다.

연암은 비난에 대처하는 현명한 방법을 알고 있었다. 그건 바로 본질에서 벗어나지 않게 하는 '상황 해석력'이다. **오십 이후의 삶에서 중요한 것은 이제 더는 길을 잃지 않아야 한다는 사실이다. 그러기 위해서는 상**

황을 제대로 해석할 수 있어야 하며, 굳이 필요 없는 일에 아까운 시간을 낭비하지 않아야 한다. 당신의 삶에 도움이 될 연암이 쓴 매우 흥미로운 내용이 있다.

하루는 한 청년이 길에 주저앉아 눈물을 흘리고 있었다. 뭔가 정상적인 상황이 아니라고 생각한 연암은 조심스럽게 다가가 청년에게 물었다.

"우는 이유가 무엇입니까?"

청년은 고개를 들어 눈물을 훔치다가, 이내 마음을 가다듬고 하소연하기 시작했다. 청년의 이야기를 이해하기 쉽게 네 부분으로 나누면 이렇다.

1. 현재 스물다섯 살인 그는 다섯 살에 눈이 멀었고, 20년이나 앞을 볼 수 없는 상태로 지금까지 살았다.
2. 그런데 오늘 아침에 집에서 나와 길을 걷는데, 갑자기 보이지 않던 세상이 보였다.
3. 이 기쁜 소식을 서둘러 집으로 돌아가 가족들에게 전하고 싶었지만 귀가는 생각처럼 쉽게 이루어지지 않았다. 청년 입장에서는 처음 만나는 세상이었기 때문이다.
4. 골목길과 갈림길이 너무 많아서 도저히 정신을 차릴 수가 없었다. 또한 대문의 모양이나 집의 크기도 서로 비슷하여 어디가 자기 집인지 구분하기 어려웠다.

결국 청년은 집을 찾아갈 수 없어 그만 길에 주저앉아 울고 있었던 것이다. 앞을 보게 되었지만 정작 볼 수 없을 때보다 불편한 현실 속에서 청년은 당황해했다. 이에 청년의 복잡하고도 슬픈 이야기를 경청하던 연암은 "당신에게 당장 집으로 돌아갈 수 있는 방법을 가르쳐주겠다."라고 외치며 이런 지혜로운 답을 내놓았다.

"다시 눈을 감으면 쉽게 집을 찾을 수 있을 것이다."

무려 20년 만에 눈을 뜬 청년은 다시 과거에 그랬던 것처럼 눈을 감았다. 그리고 20년 동안 사용하던 지팡이로 길을 더듬기 시작했다. 그러자 놀랍게도 그는 곧 집을 찾을 수 있었고, 보고 싶은 가족도 만날 수 있었다.

이 이야기가 무엇을 말한다고 생각하는가? 창조는 하나의 거대한 다른 세상이다. 그리고 그것이 바로 새로운 것을 만드는 창조자를 세상이 비난하는 이유 중 하나다. 다른 세상을 만나거나 접하지 못한 채 오랫동안 자기 세상에 길들여진 사람이 새로운 세상을 접하면 부정적인 감정이 먼저 튀어나오게 된다. 주로 자신이 사는 세상에 대한 정당성을 부여하기 위한 거짓 감정의 표현일 가능성이 크다. 새로운 세상을 비난하고 부정하며 익숙한 자기 세상을 끌어올리는 것이다. 이런 현상을 두고 연암은 "인간은 자신이 아는 만큼만 볼 수 있으며, 자신이 본 것과 다른 것이 있으면 만물을 다 부정한다."라고 말했다.

앞서 한 번 언급했지만 나는 이 책을 통해 역사적인 사실과 연암의 업적을 말하려는 것이 아니다. 그 업적의 이면과 온갖 사실의 바닥을 들여다보며 내게 보이는 그것을 오십 이후의 삶을 준비하는 당신에게 전하고 싶다. 역사적인 이야기는 검색이나 관련된 책을 통해 언제든, 얼마든, 누구든, 쉽게 알 수 있다. 보고 외우면 누구나 알 수 있는 사실은 자신을 대표하는 경쟁력이나 차별성이 되기 어렵다. 연암을 비롯하여 누군가의 삶에서 그들의 경쟁력을 발견하고 싶다면, 이 글에서 강조한 본질을 보려고 노력해야 한다. 익숙한 공간에서 벗어나 낯선 곳으로 가려고 할 때, 그 짧은 순간 우리는 자신에게 없던 무언가를 받아들일 수 있다.

인간은 자신이 아는 만큼만 볼 수 있으며
자신이 본 것과 다른 것이 있으면 만물을 다 부정한다.

❖ 　　수많은 사람들 중에서 나를 빛나게 만들어 구별할 수 있게 해주는 힘이 '상황 해석력'이다. 연암이 특별한 이유도 여기에 있다. 모두가 접하는 지식과 상황에서 그 본질을 해석할 '상황 해석력'을 갖추고 있었기 때문이다. 당신이 지금 어떤 상황에 있더라도 눈앞에 있는 것들을 제대로 볼 수 있다면, 남은 인생도 제대로 걸어갈 수 있다.

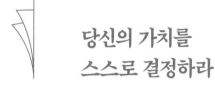

당신의 가치를
스스로 결정하라

●   양치기들에게는 양을 모는 두 가지 방법이 있다. 하나는 양치기가 가장 앞에 서서 지팡이를 들고 초원을 찾아가면 뒤에서 양 떼들이 시냇물처럼 졸졸 따라오는 것이고, 또 다른 하나는 반대로 양치기가 가장 뒤에 서는 것이다. 이때 초원의 풀밭을 찾아가는 주체는 바로 양 떼들이다. 그들은 서로 힘을 모아 원하는 곳으로 갈 수 있다.

내가 갑자기 요즘 시대에 맞지 않게 양 떼 이야기를 꺼낸 이유는, 우리가 매일 반복적으로 하는 생각도 양 떼를 몰아가는 방식과 다르지 않기 때문이다. 이를테면 우리는 생각이라는 양을 관리하는 '생각의 양치기'다. 그럼 바로 이렇게 질문할 수 있다.

"나는 어떤 방식으로 생각을 다루고 있는가?"

자신의 삶이 자꾸만 끌려가는 느낌이 들고, 무엇 하나도 스스로 제어하고 통제하는 것이 없다는 기분이 든다면 자신의 생각을 어떻게 다루는지에서 그 원인을 찾을 수 있다. '타인이 이끄는 삶'을 살아서 자신의 인생이지만 주도한다는 느낌을 가질 수 없는 것이다. 당신의 생각이 당신을 주도하게 해야 한다.

양치기가 지팡이를 들고 양 떼를 몰아가는 방식으로는 새로운 대지에 도착할 수가 없다. 이 문장을 단어 하나로 압축하면 '고정관념'이라 부를 수 있다. 매일 같은 길을 통해 찾아가는 초원에서 우리는 다른 곳을 볼 수도 느낄 수도 없다. 당연한 수순이다. 생각이 스스로 원하는 곳으로 갈 수 있게, 생각을 앞세우고 우리는 가장 뒤에 서야 한다. 그게 바로 지금까지 억눌린 상태로 방치했던 당신의 이상을 오십 이후에 현실로 만드는 최선의 방법이다. 물론 생각을 심각하게 방목하면 하늘로 날아갈 수가 있다. 날아가려는 생각의 발목을 잡아 땅을 딛게 만드는 것이 바로 우리의 역할이다. 뒤에서 지켜보며 심각하게 비현실적으로 빠지려는 것들을 붙잡아 현실이라는 대지에서 벗어나지 않게 도와줘야 무언가를 제대로 생산할 수 있다.

지혜로운 연암은 우리가 말로는 쉽게 주장하지만, 정작 그런 수준에 도달하는 것이 왜 어려운지 코골이에 비유해서 알려준다.

"하루는 옆에서 누군가 잠들었는데 그 소리가 너무나 시끄러워 도저히 견딜 수가 없었다. 숨을 들이쉴 땐 마치 톱질하는 소리가 나는 것 같았고, 반대로 숨을 내쉴 때에는 배고픈 돼지가 꿀꿀거리는 소리가 들리는 것 같았다. 하도 시끄러워 옆 사람이 흔들어 깨우자 오히려 그가 화를 내며 이렇게 말했다. '아니! 대체 내가 언제 코를 골았다고 이 난리를 치는 거요!'"

연암은 이 이야기로 무엇을 말하고 싶었을까? 자기 자신도 자신에 대해서 잘 모른다는 사실이다. 남이 무엇을 원하는지는 잘 알지만, 자신이 무엇을 원하며, 왜 그것을 추구하고, 내면에 어떤 가치를 품고 있는지는 전혀 알지 못한다. 잠잘 때 코 고는 소리를 남들은 다 아는데 정작 자신만 모르는 것처럼 말이다. 이에 연암은 생각을 통해 자기 가치를 더욱 높이는 삶을 살고 싶다면, 다음 다섯 가지 삶의 원칙을 지키는 게 중요하다고 말한다.

1. 당신의 가치를 스스로 결정하라.
2. 자신의 생각만 옳다고 말하지 마라.
3. 자신의 단점을 파악하고 솔직히 인정하라.
4. 적절한 지적에는 얼굴을 붉히지 마라.
5. 당신의 가치는 어떤 일이 있어도 포기하지 마라.

신실한 연암의 조언은 이제 나의 삶을 구성하는 한 부분이 되었다. 나는 늘 "당신의 가치는 당신이 정하라."라고 말하며 시장이 아닌 스스로 정한 자기 가치를 추구하는 삶의 중요성을 강조했다. 말은 멋지고 좋다.

하지만 우리는 우리의 가치를 스스로 정하지 않고, 자신을 대하는 세상의 시선과 태도의 영향을 받는다. 프리랜서로 살면 업체에서 제안을 매우 자주 받는다. 그 구구절절한 내용을 간단하게 요점만 나열하면 이렇다.

- 우리는 매우 의미 있는 일을 하고 있다.
- 그런데 예산이 충분하지 않다.
- 당신에게 일을 맡기고 싶은데 보수를 많이 주기 힘들다.
- 돈은 되지 않지만, 당신이 이걸 할 거라고 생각한다.
- 의미 있는 좋은 일이니까.

무슨 일을 하든 프리랜서로 살면 이런 식의 제안을 자주 받는다. 거절하면 괜히 그 의미를 몰라주는 나쁜 사람이 된 것 같아 기분이 좋지 않다. 그래서 마치 무엇에 홀린 듯 자신이 정한 가치를 무너뜨리고 매우 낮은 보수에 그 일을 맡는다. 실제로 자주 일어나는 일이다. 나도 과거에는 매우 자주 그런 선택을 했다. 하지만 그런 식으로 자꾸만 자신의 원칙을 깨면 나중에는 아예 깨진 원칙이 본래의 원칙처럼 되어버린다. 다시 말해서 양치기를 따라 의미 없이 그저 따라만 가는 양 떼의 삶을 살며, 세상이 정한 가치를 그대로 수용하게 되는 것이다.

각종 단체에 강연을 나가다 보면 실제로 내 이야기가 필요하지만 내가 정한 가치를 깨야 할 때가 있다. 그럴 때는 나도 거절하지 않고 그들의 이야기를 이해하며 받아들인다. 하지만 그런 사례는 그렇게 많지 않다. 다시 말해서 마음을 바꿔 먹으면 더 높은 가치를 줄 수 있는 곳이 대부분이라는 것이다. 실제로 나는 한 유명 강사가 평소 자신이 받는 보수를 하나도 낮추지 않고, 내가 3분의 1 수준의 금액을 받고 강연한 곳에서 강의하는 것을 자주 목격했다.

업체는 내게 3분의 1 정도의 강의료를 제안하며 "이게 최선이다."라고 말했지만, 그에게는 본래 받는 가격을 준 것이다. 이유는 간단하다. 나는 그렇게 낮춰도 오지만, 그는 그렇게 높여야 오기 때문이다. 그럼 이런 의문이 생긴다.

"예산이 없다고 한 말은 다 거짓이었나?"

반은 맞고 반은 틀리다. 본래 예산은 한정적이라 적지만, 반드시 모셔야 할 사람이 있으면 어떻게든 방법을 궁리해서 예산을 끌어오기 때문이다.

물론 좋은 일에 낮은 가격을 받거나 혹은 재능을 기부하며 행사에 참석하는 것도 의미가 있는 일이다. 그러나 재능을 기부할지 말지는 스스로 결정해야 한다. 마찬가지로 그 일에 의미가 있는지 없는지도 스스로 결정할 부분이다. 그게 앞으로 맞이할 자신의 가치를 생각하는 당신에게 연암이 전하는 핵심 메시지다.

자신의 가치를 스스로 결정하라.

❖   왜 자신의 가치를 남이 정하도록 방치하는가? 왜 남이 정한 의미에 끌려다니는가? 이 두 가지만 기억하고 실천하면 조금은 더 현명하고 수월하게 자신의 가치를 지키며 살 수 있다. 언제나 당신의 가치는 당신이 정하라. 그리고 누구도 당신의 가치에 침범하지 못하게 하라.

근사한 판단은
세 가지 마음에서 비롯된다

연암의 글 중에서 많은 사람이 알고 있는 《열하일기》에 실린 〈장관론〉壯觀論이 있다. 글을 읽는 수많은 사람이 그 글의 주제를 '하찮은 것의 아름다움'이라고 말하며 작은 것도 귀하게 다루어야 한다고 강조한다. 하지만 내가 보기에 그건 연암이 남긴 뜻이 아니다. 일단 연암은 모든 사물을 공평한 시선에서 바라봤기 때문에 '하찮은'이라는 표현도 맞지 않다. 다른 일류 선비들은 그 나라에서 가장 유명하거나 거대한 작품, 즉 '장관'만 바라보며 관찰한다고 말하지만 연암은 스스로를 삼류 선비라고 칭하며 이런 내용의 메시지를 전한다.

"나는 진짜 장관은 기와 조각과 똥거름에 있다고 생각한다."

글에서 길게 자신의 생각을 밝히지만 짧게 압축하면 기와 조각이 천하의 무늬가 될 수 있으며, 똥거름으로도 장관을 만들 수 있다는 말이다. 결국 종합하면 어떤 의미일까? 하찮은 것들의 아름다움이나 위대함을 언급하는 것이 아니라, 지금 일류 선비들이 바라보며 관찰하고 있는 저 위대한 것들의 시작이 바로 기와 조각과 똥거름이었다는 사실을 말하고 싶었던 거다. 결과도 중요하지만 모든 끝에는 과정이 있으며, 과정에 무엇이 있는지 발견하고 그것을 치열하게 관찰해야 비로소 결과를 보며 영감을 얻을 수 있다는 말을 하는 것이다. 끝만 바라볼 때 깨닫지 못한 것들을 우리는 끝이 어디서 왔는지 그 근본을 관찰하며 하나하나 깨닫고 스스로 나아질 수 있다.

자, 이번에는 장소를 바꿔서 이런 상상을 해보자. 때는 사람이 몰리는 점심시간, 햄버거를 파는 한 식당에서 음식 포장을 위해 주문하고 자리에 앉아 기다리고 있는 한 사람이 있었다. 그때 한 손님이 그에게 다가와 "난 매장에서 식사할 예정이니, 포장 손님인 당신이 자리를 비켜달라."고 요구했다.

온라인에 이런 내용의 기사가 올라오자 댓글창이 매우 복잡해졌다. 당연히 자리를 비켜달라고 요구한 사람에게 비난이 쏟아졌다. 그런데 사실 기사만 봐서는 당시 상황을 제대로 파악할 수 없다. 우리가 분노하는 이유는 상황에 녹아 있는 '태도의 문제'가 매우 크기 때문이다. 기분 나쁜 눈빛, 거들먹거리는 몸짓, 무시하는 말투가 불씨가 돼 싸움이 시작되는 경우가 많다. 제대로 판단하려면 조금 더 상황을 면밀히 따져봐야 한다.

온라인에서는 특히 그런 일이 자주 일어난다. '확정적인 말투'가 습관이 된 사람들에게 주로 시비가 끊이지 않는데 예를 들면 이렇다. 그들은 누군가 정성껏 쓴 글에 이런 식의 댓글을 쓰고 다닌다. "그건 아니죠. 1이 아니고 2입니다.", "잘못 알고 있군요. 당신의 착각입니다.", "당신이 틀렸어요. 제대로 알고 말하세요." 잘 알지도 못하는 사람이, 게다가 늘 이런 식으로 '확정적인 말투'로 댓글을 쓰는 일이 반복되면 싸움이 시작될 수밖에 없다. 만약 그가 조금 방식을 바꿔서 이렇게 순화해서 말한다면 이야기는 달라졌을 것이다. "1이 아니고 2가 될 수도 있지 않을까요? 생각하게 해주셔서 감사합니다.", "제가 알고 있는 것과 다른 생각을 하고 계시군요. 다른 생각도 알 수 있어 기쁩니다." 같은 이야기이지만 이렇게 뉘앙스만 살짝 바꿔도 분쟁이 생길 가능성은 순식간에 낮아진다.

우리는 이렇게 삶의 순간순간 어떤 선택을 해야 하고, 그 선택을 통해 평가를 받는다. 근사한 선택은 우리를 근사한 곳으로 안내할 테지만, 반대로 최악의 선택은 우리를 최악의 장소로 떠밀 것이다. 어떻게 하면 근사한 선택을 할 수 있을까? 말과 글로 늘 근사한 판단을 했던 연암에게는 스스로 가장 중요하게 생각한 세 가지가 있었다.

1. 글로 상대를 이기고 누르려는 욕망 버리기.
2. '걱정하는 마음'과 '사랑하는 마음'으로 살기.

3. '가장 좋은 것을 주려는 마음'을 내면에 담기.

연암은 이렇게 세 가지 마음을 지니고 살면 그렇게 나온 생각과 선택이 자신과 상대에게 행복과 기쁨을 주지 않을 수 없다고 생각했다. 지혜로운 선택이 아닐 수 없다. 앞서 언급한 햄버거를 파는 식당에서도 마찬가지다. 세 가지 마음을 담아서 글을 쓰듯 상대에게 말했다면 분쟁은 애초에 시작되지도 않았을 것이다. "제가 여기에 좀 앉아도 될까요?", "제 음식이 나올 때까지 잠시 합석을 해도 괜찮으실까요?" 얼마든지 좋은 마음으로 생각을 전할 수 있었으니까. 명쾌한 선택과 지혜로운 생각은 지능이 아니라, 위에 나열한 세 가지 마음을 통해 나온다.

글로 상대를 이기고 누르려는 욕망을 버려라.

걱정하는 마음과 사랑하는 마음으로 살고

가장 좋은 것을 주려는 마음을 내면에 담아라.

❖ 　　세상에는 다양한 언어가 있고 상황을 표현하는 수많은 글과 말이 있다. 만족스러운 현재를 살고 싶다면 그에 걸맞은 언어를 구사해야 한다. 나와 상대에게 기쁨과 행복을 전할 근사한 선택은 근사한 마음에서 시작한다는 사실을 기억하자. 우리 내면에 걱정하는 마음과 사랑하는 마음, 그리고 좋은 것을 주려는 마음을 담자. 사람은 모두 다르지만 마음을 바라보며 판단하면 실패하지 않는다.

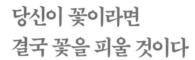

당신이 꽃이라면
결국 꽃을 피울 것이다

오십의 삶에서 꼭 버려야 할 쓸데없는 감정 중 하나가 바로 '조급함'이다. 아무리 포장해도 악취를 숨길 수 없고, 아무리 숨겨도 조급한 마음이 내뿜는 서툰 빛을 감출 수 없기 때문이다. 그러나 이제 삶의 중반 이후에 접어들었다는 생각이 자꾸만 우리를 더 조급하게 만든다.

"이제 정말 시간이 별로 없는데."

"나도 다른 사람들처럼 뭔가 해낼 수 있을까?"

"기회라는 놈은 대체 어디에 있는 거야!"

조급해하는 사람들에게 연암은 이런 이야기를 들려준 적이 있다.

"악기는 골짜기와 같고, 소리는 골짜기를 돌아 나가는 바람과 같다. 골짜기를 고칠 수 없다면 바람에는 변화가 없을 것이다."

다양한 의미로 해석할 수 있지만, 나는 그의 말에서 물체나 생명을 움직이는 중심이 변하지 않으면, 어떤 방법으로도 적절한 변화를 꾀할 수 없다는 사실을 다시 확인할 수 있었다. 그래서 조급한 마음을 지닌 사람은 무언가를 이루기 어렵다. 그것은 소리가 나지 않는 나쁜 악기와도 같기 때문이다.

간혹 강연장에서 중년의 참석자들을 만날 때가 있다. 나이대가 다양해서 연령별로 표정과 감정의 변화를 자연스럽게 관찰하게 되는데, 중년 이후의 참가자들은 유독 반응이 이것 아니면 저것으로 극명하게 나뉜다. 하나는 초조한 마음에 자꾸만 빠르게 가려는 사람, 다른 하나는 자신의 속도를 믿고 기다리는 사람이다.

관계에서도 마찬가지로 비슷한 현상이 나타난다. 인간관계에서 가장 해로운 것이 바로 무언가를 빠르게 이루려는 조급한 마음인데, 전자의 사람은 관계에서도 자꾸만 급하게 무언가를 얻으려고 한다. 그것이 자신에게 더 나쁜 이유는, 자꾸만 있지도 않은 것을 있는 척하며 가장하고 다른 사람은 물론 자신을 속이기 때문이다. 자신이 상대보다 조금 더 나은 생활을 하며 사치를 부리고 있다는 사실을 보여주면 상대에게 호감을 얻을 것이라는 생각은 착각이다. 물론 그런 사람에게 호감을 느끼는 사람이 있을 수 있으나 그런 부류의 사람은 차라리 주변에 없는 편이 자신에게 좋으므로 역시 쓸데없다.

매우 흥미로운 사실이 있다. 연암은 살면서 거의 울지 않았다는 것이다. 중년 이후에도 마찬가지다. 슬픈 일이 없거나 냉정해서가 아니다. 그는 모든 이에게 인생을 차분하게 살기를 바랐다. 성급한 자가 그 화를 풀고 사나운 자가 그 원망을 풀려면, 무릇 순리를 따라 걷는 것보다 빠른 길은 없다고 생각했기 때문이다. 슬퍼서 우는 것은 허락했지만, 기다리지 못하고 성급하게 무언가를 표현하려고 우는 것은 허락하지 않았다. 세월이 많이 흘렀음에도 연암의 조언은 우리에게 시사하는 바가 매우 크다. 사람들의 삶은 예나 지금이나 별반 달라진 것이 없기 때문이다.

조급한 마음은 마치 유리창과 같아서 누구에게나 훤히 들여다보인다. 비난이나 조롱 등 다른 악덕은 소수라도 찬양하는 사람이 있을 수 있지만, 단 하나 조급한 마음만은 좋아하는 사람이 없다. 자기 안에 있는 조급한 마음과 서툰 태도를 자꾸 밖으로 꺼내 보여주지 말자. 그럼 궁금해진 사람들이 다가와 호기심 가득한 표정으로 당신의 내면을 들여다볼 것이다. 동물원의 원숭이처럼 한낱 구경거리로 전락하게 되는 것이다.

늘 기억하고 또 잊지 말자. 당신이 꽃이라면 결국 꽃을 피울 것이다. 굳이 "내가 꽃이야."라고 세상에 대고 외칠 필요는 없다. 당신은 곧 누구보다 아름답게 당신이라는 꽃을 피워낼 테니까.

악기는 골짜기와 같고
소리는 골짜기를 돌아 나가는 바람과 같다.
골짜기를 고칠 수 없다면
바람에는 변화가 없을 것이다.

❖ 　　그대가 꽃이라면 걱정하지 마라. 때가 되면 아름답게 피어날 테니까. 그대가 강이라면 걱정하지 마라. 물은 다시 흘러 그대를 가득 채울 테니까. 그리고 그대가 좋은 마음이라면 아무리 두렵고 막막해도 내일의 삶을 걱정하지 마라. 그대를 괴롭히던 폭풍처럼 힘겨운 날은 가고 향기로운 꽃이 가득한 좋은 하루가 시작될 테니까. 그대는 그대이므로 걱정하지 마라. 누구보다 아름다운 삶을 살아갈, 소중히 빛날 그대이니까.

제5장

나를 넘어서는 마음의 힘,
'단단한 내면'

자신이라는
가장 큰 산을 넘는 법

지금까지 살펴본 것처럼 연암은 누구보다 말과 행동의 일치를 중요시했다. 생각으로만 그친 것은 글로 쓰지 않았고, 반드시 행동에 옮긴 것만 글과 말로 바꿔 세상에 전했다. 실용성과 실천력은 그에게 하나로 연결된 끊어지지 않는 고리와도 같았다. 그래서 그는 글을 읽기만 하고 일상에 적용하지 않는 것도 잘못이지만, 당장 실천할 만한 글을 쓰지 못하는 것도 죄악이라 생각했다. 고상하게 말하고 이론을 정립하는 일보다 하나라도 실천할 수 있는 구체적인 방법을 제시하는 글을 귀하게 여겼다. 아래 연암이 쓴 시에도 그런 마음이 잘 나타나 있다.

우리 형님 얼굴은 누굴 닮았나.

아버지 생각나면 형님을 보았지.

이제 형님 생각나면 그 누굴 보나.

시냇물에 내 얼굴을 비추어 보네.

이 네 줄의 시는 단순히 세상을 떠난 아버지와 형님을 그리워하는 감성적인 내용을 담은 글이라서 소개한 것이 아니다. 조금만 문해력이 높은 사람이라면 이 시만 읽어도 연암의 지적 세계가 얼마나 넓고 깊은지 단숨에 알 수 있다. 지금까지 섬세하게 이 책을 읽은 사람이라면 모두 그 수준에 도달했으리라 생각한다.

연암은 늘 일상에서 현재 고민하는 문제를 해결할 가장 실용적인 방법을 찾았다. 시에서 나타난 것처럼 세상을 떠난 사람을 그냥 그리워만 하지 않았고, 아버지가 돌아가셨으니 그를 가장 많이 닮은 형님을 바라보며 아버지를 떠올리고, 다시 형님까지 돌아가시니 이제 그를 닮은 자신의 얼굴을 시냇물에 비춰 보며 그리워하자는 구체적인 방법을 찾아냈다. 아파하는 자신에게 가장 좋은 방법을 제시하겠다는 간절한 마음이 없는 사람은 도저히 쓸 수 없는 글이다. 누군가의 마음을 움직이는 글은 재능이 뛰어나야 쓸 수 있는 게 아니라, 마음이 간절해야 쓸 수 있다.

이처럼 단단한 내면으로 남다른 일상을 보냈던 그는, 당대의 뛰어난 문인의 글을 모방할 수 있다고, 혹은 실력을 갖춰서 빛나는 글을 쓸 수 있게 되었다고, 그런 자신을 대단하게 생각하며 다른 사람을 하찮게 여기는 것은 어리석은 행동이라고 생각했다. 얼마나 그 마음이 컸으면 이런 말까지 남겼을까?

> "귀와 눈으로 보고 들은 것을 마음을 다해 정성껏 표현하고, 보이지 않는 곳까지 그 풍경을 모두 펼쳐줄 수 있다면 비로소 당신이 써낸 문장의 가치는 빛날 것이다."

연암은 자신에게 찾아온 모든 기회를 하나도 허투루 쓰지 않았고, 자만하지 않았으며, 모든 부와 명예가 행운처럼 찾아온 것이라 여겨서 더욱 겸손한 마음으로 하루를 살았다.

그런 삶은 결코 그저 찾아온 것이 아니었다. **자신이라는 가장 큰 산을 넘기 위해서는 단단한 마음이 필요하다.** 누구보다 그 사실을 잘 알고 있던 그는 평생 '명심'冥心을 강조하며 마음의 평안을 중시했다. **명심이란 '눈과 귀에 얽매이지 않고 생각하는 것'을 말한다.** 눈과 귀를 맹신하는 자는 보고 듣는 것이 더 많아지고 분명해질수록 오히려 더욱 마음에서 멀어져 삶이 흔들리게 된다. 사물의 깊숙한 곳까지 침투해서 그 안에 존재하는 마음을 볼 수 없기 때문이다. 연암의 삶에서 길어올린 명심이 주는 가르침은 다음 두 가지 방식으로 일상에서 실천할 수 있다.

1. 진실한 글이 아니면 참된 결과를 기대할 수 없다

연암의 말처럼 글이란 그 자체로 대단한 것이 아니다. 그저 스스로 생각하는 의미를 글이라는 매개체로 표현하면 그만일 뿐이기 때문이다. 그래서 연암은 더욱 이렇게 생각했다.

"그럴 듯한 제목을 먼저 정해놓고, 거기에 맞는 과거 사람들의 멋진 말을 붙여 편집하고, 억지로 그 말의 의미를 찾으려는 모든 행동은 옳지 않다."

쉽게 이해하지 못하는 사람들을 위해 다시 연암은 이렇게 비유하며 그 뜻을 강조했다.

"있지도 않은 뜻을 진지하게 꾸미고 글자마다 제대로 알지도 못하는 지식을 자랑하며 고상한 척하는 것은, 비유하자면 화가를 불러 초상을 그릴 때 갑자기 용모를 고치고 그 앞에 서는 것과 같다."

마음의 평안과 단단함은 실력이 아니라 진실에서 나온다. 진실이 마음을 지키는 최선의 무기인 셈이다. 화가 앞에 선 당신의 모습이 평상시와 다르다면 어떤 훌륭한 화가라 하더라도 그 참된 모습을 그리기 어려울 것이다. 마음의 평안을 얻으려는 자는 오직 진실해야 한다.

2. 오래된 자신을 벗어나 하늘을 보라

연암은 다시 묻는다.

"당신은 새를 진실로 바라보고 있는가?"

마음을 비우고 하늘을 보라. 그럼 저 날아가며 우는 것이 하나의 '살아 있는 의미'라는 사실을 알게 된다. 그런데 우리는 그 신비한 존재의 의미를 세상이 정한 '새'라는 단어 하나에 매몰된 채 바라보며 살고 있다. 새는 새가 아니다. 세상이 말하는 새라는 대상에는 내가 지금 본 색과 소리 그리고 생김새가 전혀 녹아 있지 않기 때문이다. 보고 듣고 느끼기 전에 먼저 사물을 판단한다면 굳이 그것을 보거나 들을 필요가 없다. 세상이 정한 정의는 모두 버리고, 내게로 날아오는 언어와 다시 저 멀리 날아가는 의미를 하나하나 들춰서 면밀히 관찰하자. 그게 바로 늘 같은 공간에 있으면서도, 다른 것을 발견하는 사람들의 방법이다. 마음을 비우면 흔들리지 않고 선명하게 볼 수 있다. 그리고 그런 사람에게는 단단한 내면이 형성되지 않을 수가 없다.

이 모든 명심의 조건을 한마디로 압축하면 "보고 듣고 느끼기 전에 미리 사물을 판단하지 말라."고 표현할 수 있다. 끝으로 그 의미를 모두 담아낸 연암의 글을 〈답경지지이〉에서 다시금 발췌해 소개한다. 숨어 있는 의미와 명심의 가치를 발견하겠다는 시선으로 반복해서 읽어보자.

"오늘 아침에 일어나 키 높은 나무가 뜰에 그늘을 만든 풍경을 바라보았다. 마침 내게로 날아온 새가 우는 광경을 보며 나는 부채를 들어 책상을 치며 이렇게 크게 외쳤다. '이것이 나의 날아가고 날아오는 말이요, 서로 울며 화답하는 글이로다.'"

귀와 눈으로 본 것과 들은 것을
마음을 다해 정성껏 표현하라.
보이지 않는 곳까지 그 풍경을 모두 펼친다면
비로소 당신이 쓴 문장의 가치는 빛날 것이다.

❖　　간혹 새들이 날아와 내 앞에서 지저귀면 '아, 내게 노래를 불러주려고 찾아왔구나.'라고 생각하며 귀에 꽂혀 있는 이어폰을 빼고, 읽던 책도 덮고 편안한 마음으로 새들을 바라본다. 두 눈과 귀 그리고 마음으로 그 소리를 담는다. 그럼 노래가 끝났을 때 날아가는 새들은 이미 내게 소중한 존재가 된다. 비록 눈의 세계에서는 하늘 높이 날아가 사라졌지만, 마음의 세계에서는 여전히 내 가슴속에서 노래하고 있다. 모든 것이 살아 있으며, 모든 사물에서 배울 것이 있다. 우리는 모두 평등한 존재라는 사실을 일상에서 실천하기 위해서는 그런 태도가 필요하다.

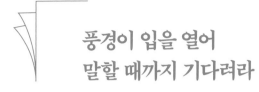

풍경이 입을 열어
말할 때까지 기다려라

이번 책을 집필하기 위해 참 많은 시행착오를 거쳐야만 했다. 책 한 권을 쓰기 위해 5년에 가까운 시간이 걸렸다는 것도 대단한 일이지만, 본질은 그 시간 안에서 바뀌고 깨달은 내면의 움직임에 있다. 집필을 시작하고 1년 만에 원고를 탈고했지만 마음에 들지 않았다. 그래서 선택한 방법이 수정하거나 다시 집필하는 대신 그냥 컴퓨터에 내버려 두는 것이었다.

2년의 시간이 흘렀고, 어느 날 나는 뭔가에 이끌리듯 컴퓨터에서 2년 전에 탈고한 그 원고를 꺼내 차분히 읽기 시작했다. 그리고 확신에 가득 찬 상태로 원고를 삭제하고 분해하며 완전히 새로운 작품을 하나 만들었다. 그렇게 나온 것이 바로 이 책이다. 소제목에 쓰여 있는 것처럼 억지로 책을 완성하려고 하지 않고 2년을 기다리니 시간의 흐름 속에서 풍경이 입을 열어 깨달음을 주고 떠난 것이다. 스스로 지독할 정도로 경험해서 누구보다 그 의미를 생생하게 설명할 수 있다.

"어렸을 때 따뜻한 물을 욕조에 채운 후에 들어가 누워 있는 걸 참 좋아했는데, 그때는 형편이 좋지 않아서 기름값 걱정에 참아야만 했다."

누군가 개인 SNS에 이런 식의 글을 공개적으로 써서 올리면 어떤 반응이 나올까? 내가 그간 경험한 결과에 따르면 20퍼센트 정도는 글에 공감하며 그간의 노력과 힘든 현실을 이겨낸 의지에 대한 격려의 말을 남기지만, 다수인 나머지 80퍼센트는 다음과 같은 말로 자신이 겪은 더 힘든 과거를 회상하며 가난의 흔적을 경쟁하려고 든다.

"뭐야? 집에 욕조가 있으면 그래도 살 만했네!"

"나는 머리를 감을 때도 늘 차가운 물만 썼는데!"

"에잇, 그 정도는 약과지, 난 밥도 못 먹고 살았다고!"

어떤 경우든 거의 비슷한 반응이 나온다. 누군가가 잘되고 있다는 이야기를 남기면 갑자기 부자 경쟁을 하고, 또 누군가가 힘들었다는 이야기를 남기면 갑자기 가난을 경쟁한다. 중요한 것은 놀랍게도 부자 경쟁을 하는 사람과 가난 경쟁을 하는 사람이 같을 때가 많다는 사실이다. 그들은 단지 상대를 이기기 위한 목적으로 자신의 인생 중 양 극단의 이야기를 끄집어내 경쟁에 불을 붙인다.

사람의 인생이 모두 다르듯, 가난과 부에 관한 이야기도 끝이 없다. 기준과 환경이 저마다 다르기 때문이다. 그러나 '깨달음'을 중간에 두고 생각하면 그 기나긴 이야기에 마침표를 찍을 수 있다. 일상에서 무언가를 배워서 남기는 사람으로 살고 싶다면 다음의 2단계 시선으로 대상을 바라보는 게 좋다. 먼저 "저 사람에게는 어떤 특별함이 있나?"라는 질문으로 접근하는 것이다. 그리고 그의 특별한 부분을 발견한 다음에는 "그것을 나의 지적 무기로 만들기 위해 내가 지금 할 수 있는 것은 무엇인가?"라는 질문으로 그에게서 가장 좋은 것을 자신의 삶에 적용해 깨달음을 남기는 것이다.

가장 흔한 사례로 쉽게 설명하면 이렇다. '부모님과 효'에 대한 문제인데, 누군가 부모님을 모시고 좋은 식당에서 행복한 시간을 보냈다는 이야기를 글로 쓰면 다시 80퍼센트는 이런 식의 댓글을 단다.

"나는 식사 대접할 부모님도 없네, 살아 계실 때 잘해요!"

"나중에 나처럼 후회하지 말고 지금 정성을 다하세요!"

앞에서 가난을 언급하면 갑자기 가난을 경쟁하는 것처럼, 효를 말하면 다시 갑자기 효를 경쟁한다. 그리고 자신은 현재 효도할 수 없으니 당신은 꼭 잘하라는 조언까지 남긴다. 물론 좋은 의도에서 나온 말일 수도 있다. 그러나 자신에게 없는 것을 이유로 상대에게 무언가를 강요하거나 조언하는 것은 서로에게 별로 좋은 영향을 주지 못한다. 앞서 소개한 내용이지만, 여러 번 반복해서 읽어도 새로운 깨달음을 주기 때문에 연암의 조언을 다시 소개한다.

"글 안에 존재하는 글자 하나하나가 읽는 이의 마음을 강하게 때리며 울림을 만들어낼 수 있어야 서로 깨달음을 나눌 수 있다. 그러기 위해서는 무엇보다 공감이 중요하다. 읽는 이가 공감할 수 없는 글은 아무런 소리가 나지 않으며, 혹시 소리가 들려도 그것은 잡음일 수밖에 없다."

    연암의 조언을 따라 '부모님과 효'에 관한 글에 자신의 반응 방식을 바꾸려면, "저 사람에게는 어떤 특별함이 있나? 그리고 내가 지금 할 수 있는 것은 무엇인가?"라는 두 개의 질문으로 지금 당장 자신이 할 수 있는 것을 찾는 게 좋다. 부모님이란 틀을 벗어나면 다른 지점을 만날 수 있을 것이다. '부모님은 계시지 않지만 곁에 있는 소중한 사람에게 안부 전하기', '좋은 사람들에게 따스한 마음을 담아 문자나 작은 선물 보내기'. 이렇게 자신이 할 수 있는 것을 찾는 것이다. 어떤 글과 사물에서 깨달음을 얻으려면 기다림과 고마운 마음을 전하려는 노력과 시간이 필요하다.

    연암 역시 고마워하는 마음만큼 아름다운 것은 없으며 우리가 누군가에게 고마운 마음을 품고 있을 때, 거기에는 그 어떤 불화나 반목도 존재하지 않는다고 말했다.

열매를 씹어 맛을 음미하듯 글을 읽고 사색하라.
입 안에 머금은 꽃을 내뱉듯
마음에 고이는 생각을 글로 표현하라.

❖ 　　모든 사람과 풍경은 우리에게 깨달음을 준다. 다만 세상에는 그 순간까지 기다리지 못하는 사람이 있을 뿐이다. 믿고 사랑하는 마음으로 때를 기다리자. 누군가의 말과 글에서 깨달음을 얻고 싶다면 감사하는 마음으로 그의 좋은 기운이 내게 올 때까지 기다리는 여유를 갖자. 그것을 기다리며 바라본 만큼 당신이 만날 깨달음의 깊이가 깊어질 것이다. 많이 깨달은 사람은 많이 기다린 사람이다.

모든 가능성을
긍정하는 시선으로 세상을 보라

"붉은 토끼를 주제로 글을 써보라."

글쓰기를 배우기 위해 찾아간 곳에서, 선생이라고 나타난 사람이 당신에게 이런 숙제를 낸다면 과연 어떤 생각이 들겠는가? 아마 억지를 부린다는 생각이 가장 먼저, 그다음에는 당장 그 자리를 벗어나고 싶다는 생각이 들 것이다. 이유는 간단하다. "토끼는 흰색이다(혹은 회색)."라는 세상으로부터 배운 지식이, 혹은 자신이 토끼를 실제 본 장면이 정답처럼 내면에 자리 잡고 있기 때문이다.

물론 그렇게 하나의 관념을 갖고 사는 것은 잘못이 아니다. 때로 세상이 알려준 지식도 필요할 때가 있으니까. 그러나 그 하나에서 벗어나지 못하는 것은 내면의 성장을 생각할 때 큰 잘못이다. 지식은 벗어나려고 배우는 것이지 그 안에 갇혀 살기 위해 배우는 것이 아니다. 그로 인해 불가능한 일이 늘어나고, 볼 수 없는 것들의 숫자가 많아지기 때문이다. 알고 있는 하나를 지키기 위해 알 수 있는 나머지들을 포기하는 것은 매우 비생산적인 선택이다.

이에 연암은 〈능양시집서〉菱洋詩集序에서 고정관념으로부터 벗어나 내면의 크기를 키우는 방법에 관해 자세하게 설명하는데, 내 의견을 덧붙여 요점만 간단하게 세 가지로 압축하면 이렇다.

1. 너의 눈과 마음으로 확장하라

이 조언은 앞서 소개한 내용인데, '내면의 크기'라는 관점에서 볼 때 얻는 깨달음이 다르므로 다시 변주해서 소개한다.

> "귀로 하나의 이야기를 들으면 눈으로 열 가지를 그려보고, 눈으로 열 가지를 봤다면 마음에 백 가지 가능성을 설정하라."

선명하게 그리는 만큼 대상을 다양한 시각에서 관찰할 수 있고, 마음으로 확장한 만큼 다양한 영역에서 활용할 수 있다. 우리에게 주어진 눈과 마음이라는 지적 도구를 통해 스스로에게 가능성을 허락하자.

2. 하나의 사실에 얽매여 살지 말자

나이가 들수록 이상하게 여유 없는 일상을 보내게 된다. 왜 그럴까?

시간이 너무나 빠르게 흐른다는 자각 때문에 그렇다. 그런 삶에 안녕을 고하면 일상의 기적을 만날 수 있다. 바로 '마음에 여유가 생기면 사물을 바라보는 시선이 다양해진다'라는 사실을 깨닫는 것이다. 여기에서 여유란 환경이나 상황의 여유가 아닌, 대상을 바라보며 가능성을 부여하는 시선의 넉넉함을 말한다. 최대한 힘을 빼고 세상을 보라. 힘을 빼야 그 자리에 내면의 크기를 키울 지성이 들어간다.

3. 보는 것마다 마음에 담고 이해하라

세상에 존재하는 모든 사물 자체는 본래 특별하거나 이상할 것이 없다. 바라보는 시각과 관점이 모든 것을 결정하기 때문이다. 마찬가지로 세상에는 본래 나쁜 것도 이상한 것도 없다. 다만, 잘 모르기 때문에 괜히 혼자 화를 내고, 자기 생각과 하나라도 같지 않으면 존재 자체를 부정하려는 것이다. 보는 것이 곧 믿는 것이다. 그러므로 자주 보고 이해하려고 노력하자.

오십 이후에도 활발하게 작품을 창조하며 지적 거장의 삶을 살았던 대문호 톨스토이도 마찬가지였다. 재미있는 사실이 하나 있는데, 그는 여덟 살 때 스케치북에 붉은색 토끼를 그렸다. 앞서 소개한 이야기의 주인공인 셈이다. 어떤 상황이 펼쳐졌을까? 당연히 주변에 어른들이 몰려와 일제히 어린 톨스토이에게 물었다.

"톨스토이야, 세상에 붉은색 토끼가 어디 있니?"

사실 그건 질문을 가장한 놀림과도 같았다. 보통 토끼는 흰색 아니면 회색 정도라고 생각했기 때문이다. "너, 혹시 바보니?", "어쩜 그것도 모르니?" 같은 무언의 속삭임이 어린 톨스토이에게 들리는 듯했다. 그러나 어린 톨스토이는 그런 시선에 전혀 부담이나 압박감을 느끼지 않고 바로 이렇게 응수했다.

"세상에는 없지만, 제 스케치북 속에는 있어요."

이보다 근사한 말이 또 있을까? 인생 후반기까지 지치지 않고 시대를 대표하는 대작을 쓰고 수많은 교육적 업적을 남겼던 그는 이렇게 어릴 때부터 '광활한 시선에서 나오는 깊은 내면'을 갖고 있었다. 세상을 다르게 바라볼 수 있고 그것을 주변에 설명할 수 있다면, 그는 분명 다른 사람과 전혀 다른 특별한 인생을 살 수 있다. 내면에 전혀 다른 것이 들어 있기 때문이다. 어린 톨스토이가 그랬듯 연암의 평소 지론도 세상에 존재하는 만물에는 본래 정해진 색이 없다는 것이다. 저마다 자신의 눈으로 먼저 대상의 빛깔을 정한 것일 뿐, 날씨와 바라보는 각도 혹은 생각하는 시선의 수준에 따라서 얼마든지 빛깔이 달라질 수 있기 때문이다.

중요한 것은 일상에서 마주치는 모든 사물을 사랑하고 이해하려는 마음이다. 연암은 세상을 사랑하는 사람은 적고 의심하는 사람만 많으니, 구설수에 오르고 싶지 않다면 입을 다물고 말하지 않는 것이 좋다고 조언한다. 의심만 가득한 다수의 사람들은 늘 주변에 있는 모든 것을 평가하며, 그 평가는 부정적으로 흐르기 쉽기 때문이다. 그러나 그 사실을 누구보다 잘 알고 있는 그가 미움받을 용기를 내면서까지 쉬지 않고 자신의 생각을 말하며 살았던 이유는 무엇일까? 그 이유에 대해 그는 스스로 이렇게 밝혔다.

"사람과 세상을 이해하고 사랑하는 사람에게는 걱정할 것이 없으나, 그게 되지 않는 의심만 가득한 사람에게는 걱정할 것이 너무나 많다."

무언가를 사랑하고 이해한 사람은 그걸 믿을 수 있게 되고, 차곡차곡 내면에 쌓여 그 사람의 성장을 돕는 지적 무기가 된다. 반대로 사랑하고 이해한 것이 적은 사람은 세상에 의심할 것이 많다. 내면의 크기를 넓히려면 더 사랑하고 더 이해하자. 그 사랑의 크기가 당신이 만날 내면의 크기를 결정한다.

사람과 세상을 이해하고 사랑하는 자는 걱정거리가 없다.

하지만 의심만 가득한 자는 걱정할 것이 너무나 많다.

❖　　　연암처럼 세상과 사람에 대한 애정이 깊은 사람이라 해서 모든 것을 이해할

수 있는 것은 아니다. 또한 인간에게 주어진 시간은 제한적이며, 이동할 수 있는 공간

도 마찬가지로 자유롭지 않다. 한마디로 모든 것을 다 보고 느낄 수는 없다. 그래서 톨

스토이와 연암이 선택한 삶은 바로 "모든 가능성을 온전히 긍정하는 사람이 되자."이

다. 이 가르침을 잊지 말고 일상에 담자.

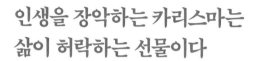

인생을 장악하는 카리스마는
삶이 허락하는 선물이다

●   조선 시대 때 사법기관 역할을 했던 의금부義禁府에는 특별한 전통이 하나 있었다. 바로 신입 낭관郎官(행정 업무를 보는 하급관리)이 들어오면 모든 선임 낭관이 신입 낭관을 다양한 방식으로 난처하게 만드는 것이었다. 요즘 말로는 신고식을 치른다고 할 수 있다. 그런 의금부에 하루는 연암이 신입으로 들어온다는 소식이 퍼졌다. 흥미로운 이야기가 기대되는 대목이 아닐 수 없다. 과연 연암은 어떤 방식으로 그들을 이겨냈을까?

    선임 낭관들은 그때까지 늘 그랬던 것처럼 그에게 고통을 주기 위해 온갖 방법을 구상하며 벼르고 있었다. 그러나 연암이 어떤 사람인지 잘 알고 있는 한 명이 그들에게 이렇게 조언했다.

"자네들의 방법이 과연 그의 기를 압도할 수 있을까?"

연암이라는 신입 낭관이 들어온 덕분에 지금까지는 없던 흥미진진한 구도가 펼쳐진 것이다. 결과는 어떻게 되었을까? 기강이 상대적으로 센 의금부였기 때문에, 신입 낭관을 놀리는 일에 한 번도 실패한 적이 없었던 그들은 예정대로 연암이 자리에 들어가 앉자, 잔뜩 벼르고 있던 온갖 방법을 구사하려고 다가갔다. 이내 놀라운 광경이 펼쳐졌다. 연암 앞에 선 그들 모두 약속이라도 한 것처럼 입을 열 수도 움직일 수도 없는 현실을 마주한 것이다. 설명할 수 없는 내면의 힘에 눌려 감히 먼저 말도 걸지 못했다.

"네가 해봐.", "왜 내가 해? 네가 한번 해봐." 이렇게 서로 미루다가 준비한 일을 하나도 해보지 못하고 돌아서야 했다.

그의 건장한 체격과 강한 인상이 한몫 단단히 했다고 말할 수도 있다. 하지만 나는 그런 외형적인 요인은 크게 작용하지 않았다고 생각한다. 아무리 대단하다고 할지라도 몸의 크기가 전통적으로 기강이 센 의금부 선임들에게 결정적인 영향을 미칠 순 없었을 것이다. 누군가를 압도하는 카리스마는 외형이 아닌, 그 사람이 지금까지 보낸 일상의 총합으로 결정되기 때문이다. 다른 일상을 보내며 축적한 내면의 힘에 압도되는 것이지, 결코 체격과 생김새에서 카리스마를 느끼는 것은 아니다. 나는 연암의 삶을 연구하며 내면의 힘을 완성하는 카리스마 원칙 일곱 가지를 발견했다.

1. 어떤 편에도 속하지 않을 이유를 찾아라

어느 편도 들지 않고 중간에 선 사람을 세상은 그냥 두지 않고 묻는다. "당신은 누구 편인가?" 그 질문에 답하지 않고 버티는 것은 매우 힘든 일이다. 무거운 짐을 이기지 못해 어쩔 수 없이 한쪽 편을 들기도 한다.

하지만 세상에는 그럼에도 중립을 지키는 사람이 있나니 힘이 세거나 강한 권력을 가져서가 아니라, 중립을 지키는 '명확한 이유'가 있는 사람들이다. 한쪽 편을 드는 것보다 중립을 지키는 것은 몇 배 이상의 명확한 이유가 필요하다. "어중간하게 굴지 말고 선택하라."라는 명령과 지시를 누르기 위해서는 그걸 이길 명확한 이유가 필요하기 때문이다. 그래서 그런 선택은 더욱 내면에 좋은 영향을 준다. 스스로 생각하는 힘이 강해지며 더욱 자신에게 집중할 수 있기 때문이다.

2. 품을 수 있을 만큼만 가져라

많은 열매는 나무를 풍성하게 하지만 열매가 너무 많이 달리면 나뭇가지가 무게를 견디지 못하고 부러진다. 자연에서는 이런 어리석은 일이 일어나지 않지만 인간 세계에서는 유독 자주 일어난다. 자연은 순리를 거스르지 않지만 인간은 폭발적인 성장과 요행을 바라며 아직은 품기 힘든 것에 욕심을 내기 때문이다.

나이 드는 것을 두려워하지 말고, 자신의 때를 기다려야 한다. 스스로 감당할 수 없는 열매는 오히려 내면이라는 연약한 가지를 부러뜨릴 뿐이다.

3. 내가 그를 평가하면 그도 나를 평가한다

사람이나 사물에 대한 평가 그 자체는 나쁘거나 문제가 있다고 할 수 없다. 중요한 것은 내가 평가한 사람이 반대로 나를 평가할 때, 그리고 그것이 좋은 이야기가 아닐 경우 '그 외로운 시간을 감당할 자신이 있는가?'이다. 남을 평가하는 사람은 반대로 자신도 언젠가 평가를 당하기 때문에 외로운 나날을 보낼 수밖에 없다. 그걸 감당할 수 있다면 괜찮지만, 그럴 자신이 없다면 평가하는 삶에서 벗어나는 것이 자신을 위해 좋다. 누군가에게 평가받을 자신이 있을 때 타인을 평가하라.

4. 좋은 미래를 만나려면 성공한 자리를 자주 떠나라

한 사람의 성공이 오랫동안 이어지지 않는 이유는 혼자서 모든 공을 가지려고 하기 때문이다. 성공했다면 그 자리에 오래 머물러 있지 마라. 무언가를 이루었다는 기쁨은 잠시만 즐기고, 성공의 공로를 주변 사람들과 나누며 자연스럽게 그 자리에서 벗어나라. 공을 나누지 않으면 조만간 당신은 공로를 억지로 빼앗길 것이다. 먼저 나누고 그때마다 그 자리를 떠난다면 당신의 미래는 밝아질 것이고, 나누지 않고 버틴다면 좋은 미래를 만날 수 없을 것이다.

5. 자신감의 근거를 찾아라

앞서 소개한 신입 낭관으로 부임했던 연암의 행동과 말에 무게가 실렸던 이유는 그가 자기 존재에 대한 자신감의 근거를 알고 있었기 때문이다. 강력한 카리스마를 발산하며 무리를 진두지휘하거나 자신의 목표를 하나하나 이루어내는 사람은 단지 자신감만 충만한 사람이 아니다. 자신감 그 자체가 아니라, 자신감의 근거를 발견한 사람이다. 그는 자신의 발걸음 하나하나를 강력하게 믿기에 자신감이 넘칠 수밖에 없었고, 어떤 상황에서도 흔들리지 않고 그 자리의 유일한 주인이 될 수 있었다.

6. 늘 다른 차원으로 이동하라

하늘 높이 날아가는 새가 사라지고 낮게 비행하는 새만 남겨지면 정교한 활은 만들어지지 않는다. 그저 그런 수준의 활로도 충분히 사냥할 수 있는 새만 남았기 때문이다. 모든 내면의 성장은 언제나 지금보다 한 단계 높은 곳에서 이루어진다. 흔들리는 세상에서도 자신이 머무는 그 자리에 당당하게 서려면 더 정교하고 적합한 방법을 생각해야 하고 동시에 그 방법을 실천할 능력을 갖춰야 한다. 일상이 지루하고 따분하다면 그건 다른 차원으로 이동하라는 신호다.

7. 하늘을 바라보는 눈과 바닥에 붙어 있는 발을 보라

이상과 현실이 적절히 조화롭지 못하면 그가 말하는 어떤 이상도 허무한 이야기가 될 수밖에 없다. 누군가 번뜩이는 눈으로 하늘 저 먼 곳을 바라볼 때는 꼭 그가 바닥에 발을 붙이고 있는지를 확인하는 게 좋다. 그렇지 않으면 그와 함께 정처 없이 하늘을 날아가다가 중간에 자신도 모르는 곳으로 추락해 그간 공들인 모든 것이 실패로 돌아갈 가능성이 높기 때문이다. 내면의 가치와 완성은 이상과 현실의 균형 속에서 더욱 완벽해진다.

나이가 들면 자꾸만 '나이'라는 무기로 상대를 압박하고 이기려 든다. 자연의 법칙처럼 다들 그렇게 되는 것이라 그 굴레에서 벗어나는 게 참 쉽지 않다. 오십 전후의 관계에서 생기는 문제의 대부분은 사실 그 마음에서 시작한다. 자신에게 카리스마를 허락하는 것은 외적 요인이 아닌 내적인 힘에 있다는 사실을 알아야 한다. 또한 살다 보면 이런 경험을 자주 한다. '갈까 말까, 할까 말까.' 우리가 그 사이에서 움직이지 못하는 이유는, 깊은 사색의 통로를 건너지 않았기 때문이다. 갈 이유를 찾은 사람은 가지 않을 이유가 없고, 할 이유를 찾은 사람은 망설일 이유가 없다. 연암의 삶에서 우리는 언제나 이렇게 일곱 가지 가르침을 만날 수 있다. 약해질 때마다 그의 조언을 기억하라.

나란 존재가 귀함을 아는 자는
세상에 나서지 않아도 답답한 줄 모르고
홀로 나아가도 겁날 것이 없다.

❖   사색하라, 그럼 당신의 일상은 결코 흔들리지 않을 것이다. 이제 당당하게
달려가서 원하는 것을 해내라. 그리고 마음이 약해질 때마다 생생하게 기억하라. 사색
이 치밀해지면 행동이 대담해지고, 반대로 사색이 약해지면 행동이 소심해진다.

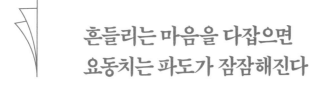

흔들리는 마음을 다잡으면
요동치는 파도가 잠잠해진다

하루는 열하로 이동하는 과정에서 부득이한 이유로 연암이 직접 말을 몰아 강물에 들어간 적이 있다. 보기만 해도 굴곡이 심한 강을 관통해야 하는 모험과도 같은 일이라서 강인한 정신력과 체력을 가진 그에게도 결코 쉬운 도전이 아니었다. '실패', '죽음', '상처' 등 그의 마음속에서 온갖 부정적인 언어가 생겨났다. 시기도 좋지 않았다. 여름이 한창인 8월이라 강바닥에 잔뜩 깔린 이끼로 인해 미끄러워서 혼자서 움직이는 것조차 쉽지 않았다. 늘 마음의 평안을 강조하고 도전을 즐겼던 그였지만, 마음이 몹시 불안했다.

'이걸 과연 내가 해낼 수 있을까?' '상황이 나아질 때까지 기다리는 게

낫지 않을까?' 걱정을 잔뜩 하면서 강에 들어가자 절로 몸이 움츠러들었고, 누가 봐도 불안정한 자세로 말馬의 배까지 차오른 강을 건너야 했다. 뜨거운 날의 햇볕, 굴곡이 심한 강, 미끄러운 이끼가 가득한 바닥, 그 강을 혼자 힘으로 말을 타고 건너야 하는 연암의 마음을 한번 상상해보라. '내가 지금 이게 무슨 고생인가!'라는 생각이 절로 들 것이다.

만약 당신이 그런 처지에 놓인다면 무슨 생각을 할까. 앞이 깜깜해서 차라리 포기하는 게 현명한 선택일 수도 있을 것이다. 연암의 생각도 크게 다르진 않았다. '한 번만 까딱 잘못하면 그대로 강에 곤두박질한다.'

그렇게 생각하자 물소리가 더욱 요란하게 울려 퍼졌다. 자신의 상황을 완벽하게 분석한 그는 나약한 마음으로는 절대 강을 건널 수 없다고 생각했고, 마음을 바꿔 앞에 보이는 풍경을 다시 설정할 필요성을 느꼈다. 먼저 연암은 바깥에서 들리는 온갖 잡음을 차단하고, 내면에서 흘러나오는 소리에만 귀를 기울였다. '건널 수 있다. 여기는 강이 아니라 드넓게 펼쳐진 아름다운 초원이다.'

그러자 눈앞에 보이는 모든 풍경이 스스로 자신을 바꾸기 시작했다. **시퍼런 강물은 단단한 땅으로, 무섭게 흐르는 물결은 편안한 옷으로, 말을 듣지 않는 말은 자신의 몸처럼 다루기 쉬운 하나의 도구로, 하나하나 모든 것이 가장 편안하고 안전한 형태로 바뀌었다.** 이제 연암의 내면에는 이런 종류의 생각만 가득해졌다. '불안한 마음은 나의 것이 아니다. 까짓것 물에 빠지면 어때!'

그를 괴롭히던 강물 소리가 드디어 사라졌고, 편안한 음악이 들리는 듯한 기분 좋은 착각에 빠져, 험난한 강을 아홉 번이나 건너는데도 편안한 의자 위에 앉거나 안방에 누워 있는 것과 같은 마음이 되어 무사히 강을 건널 수 있었다. 모든 이동이 끝난 후 그는 비로소 이렇게 크게 외쳤다.

"나는 오늘에서야 '도'道가 무엇인지 깨달았도다!"

그가 강을 건너며 우리에게 보여준 행동과 일련의 과정은 '왜 자신의 내면과 대화를 자주 해야 하는가?'에 대한 적절한 답을 보여준다.

현실로 돌아와 생각해보자. 자동차 안에서 안전벨트를 매지 않고 찍은 사진을 SNS에 올리면 바로 "안전벨트 하세요."라는 댓글이 올라온다. 사실 그 소리는 그리 듣기 좋은 말은 아니다. 사진을 찍은 사람 입장에서는 아직 시동을 걸지 않은 상태에서 찍었을 수도 있기 때문이다. 그래서 그런 사진에는 항상 이런 안내문구가 함께 붙어 있었다. "참고로, 저 아직 시동 걸지 않았습니다."

코로나 사태가 시작된 뒤에는 그 문구가 이렇게 바뀌었다.

"마스크는 사진 찍을 때만 잠깐 벗고 다시 썼습니다."

세상이 어떤 방식으로 변하든 서로 모여 살다 보면 이런 오해와 불신 혹은 감시하는 언어와 글이 나오기 마련이다. 그런 상황을 경험하거나 목격할 때마다 나는 이렇게 나 자신과 내면의 대화를 나눈다.

"반가운 사람을 오랜만에 만나면, 잠깐 마스크 벗고 사진 찍을 수도 있잖아? 왜 그걸 이해하지 못하는 거지?"

"에이, 그건 이해의 영역이 아니지. 잠깐의 방심으로도 바이러스는 얼마든지 감염될 수 있으니까. 괜히 남에게 피해를 주는 일이잖아."

"옆에 아무도 없는 걸 확인하고 정말 아주 잠시만 마스크를 벗고 찍은 사진인데, 그 정도는 이해해야 하지 않을까?"

"내 생각에는 정말 오랜만에 만난 소중한 사람이라면 오히려 더욱 마스크를 쓰고 사진을 찍는 게, 서로를 향한 소중한 마음을 표현하는 멋진 행동이 아닐까?"

이런 방식의 대화는 끝이 없다. 나는 이런 내면의 대화를 즐긴다. 어떤 하나의 사실을 놓고 자신과의 대화를 나누며 우리는 사실과 사실 혹은 사실과 짐작을 서로 연결하고 융합하는 방법을 배울 수 있다. 또한 그런 과정에서 '나'와 '너'가 아닌 제3지대의 의견을 짐작하며 추론하는 힘도 갖게 된다. 보기만 해도 두려움의 몸집이 커지는 강물 앞에서 연암이 두려운 마음을 비우기 위해 내면의 대화를 선택한 이유도 여기에 있다. 좋은 기운을 담은 자신과의 대화를 통해 당신도 평온한 삶을 즐겨보라.

건널 수 있다.
여기는 강이 아니라
드넓게 펼쳐진 아름다운 초원이다.

❖ 　　우리는 내면의 대화를 통해 주변 상황을 평화롭게 바꿀 수 있으며 이해할 수 없던 것들에 대한 이해를 높일 수도 있다. 세상이라는 바다에는 언제나 높고 빠른 파도가 멈추지 않고 수면 위를 달리고 있다. 그러나 내면과 조용히 대화를 나누며 시간을 보낼 수 있다면 그 높고 빠른 파도도 무력하게 만들 수 있다. 모든 것은 당신의 선택에 달려 있다. 당신이 꺼낸 단어가 오늘 당신의 기분을 좌우하고, 그런 나날이 모여 내면의 단단함이 결정된다.

다친 내면을 치료하는
여섯 가지 방법

●   "모든 인간의 불행은 홀로 방에 앉아 있지 못하는 데서 비롯된다." 철학자 파스칼의 말이다. 비록 짧지만, 그의 말은 결코 단순하지 않다. 이 빛나는 한 줄의 글은 우리 삶에 필요한 무기가 무엇인지 명확하게 말해준다. 홀로 방에 앉아 있는다는 사실은 무엇을 의미하는가? 사색해보라. 당신은 혼자서 오랫동안 아무것도 하지 않고 그저 앉아 있었던 적이 있는가? 아마도 드물 것이다. 무엇도 하지 않고 한 공간에 머문다는 것은 결코 말처럼 쉽지 않다.

그것이 중요한 이유는 오십 정도 되면 더욱 혼자 있는 시간에 익숙해져야 하기 때문이다. 여기저기를 돌아다니며 시간을 낭비할 수 없고, 이제는 자기만의 시간과 공간을 즐기며 내적 성장을 추구해야 한다. 그러기 위해서는 먼저 자기 자신에게서 재미를 발견할 줄 알아야 한다. 더 분명히 표현하자면, '자기 자신을 견딜 수 있어야 한다'. 혼자 방에 앉아 있는 사람은 지루함을 견디는 능력이 뛰어난 것이 아니라, 자신이라는 사람에게서 끝없이 재미와 쓸모를 발견할 줄 아는 사람이다. 자신에게서 즐거움을 발견하기 때문에 굳이 다른 곳에서 다른 것이 주는 즐거움을 찾을 필요가 없다. 스스로 충분하니까.

더불어 그들은 인간이라는 존재의 가치와 의미를 아는 사람들이다. 인생의 최고 불행은 스스로 인간이면서 인간의 가치를 모를 때 찾아온다. 인간을 모르기 때문에 늘 불안한 마음으로 살게 된다.

"혼자 있는 내가 저들에게 어떻게 보일까?", "이쯤에서 내가 먼저 말을 걸어줘야 하나?"

도무지 정적과 고독을 즐기지 못한다. 이런 다양한 고민은 인간을 잘 모르기 때문에 일어나는 불안에서 비롯된다. 불안해서 늘 누군가와 같이 있어야 하고, 그 굴레에서 또 사람들로 인해 내면에 상처를 입는다. 혼자 있는 것도 힘들지만 같이 있는 것은 더욱 힘든 지경에 이른다.

만약 당신이 그런 상태에 놓여 있고, 삶을 바꾸고 싶다면 먼저 관점을 바꿔야 한다. 혼자 오랫동안 방에 앉아 있는 사람은 불행한 사람이 아니다. 그들은 내면에 밝은 기운과 태도를 지니고 있어서 더욱 혼자를 즐길 수 있다. 그게 아니라면 한시도 혼자 있을 수 없을 것이다. 연암은 모든 불행의 원인은 늘 자신에게 있다고 말했다.

"그림자는 혼자 움직일 수 없다. 인간의 몸이 굽으니 그림자도 따라 굽는다. 그런데 불행한 사람들은 보통 자신의 모습은 생각하지도 않고, 그림자 굽은 것만 바라보며 한탄한다."

물론 자신의 불행을 스스로 벗기고 내면을 치료하는 일은 쉽지 않다. 그러나 이것 하나는 꼭 기억해야 한다. 자신 말고 누구도 나의 불행을 치료해줄 수 없다는 것을. 나를 가장 잘 아는 사람은 그 누구도 아닌 바로 나 자신이기 때문이다. 연암도 때로는 불행하고 고독한 나날을 보내야 했지만 이렇게 생각을 전환하여 오십 이후의 생을 멋지게 완성했다.

"불행은 내 마음이 만드는 것이니, 치료도 그걸 만든 내가 가장 잘 할 수 있다."

오십 이후의 삶은 어른의 시간이어야 한다. 어른이 반드시 갖춰야 할 조건에는 매우 다양한 것이 있다. 가족을 생각한다면 경제력이 필요하고, 자신의 미래를 생각한다면 관계와 성장을 중점에 두고 살아갈 것이다. 산다는 것은 힘든 일이며 결코 만만하지 않다. 언제나 앞서 언급한 불행에 노출되어 있기 때문이다. 이에 평생 내적 성장의 가치를 주장하며 치열하게 연구했던 연암은, 우리가 어떻게 하면 스스로 불행에서 벗어나 내면을 치료할 수 있는지 그 방법을 다음 여섯 가지로 선명하게 보여준다.

1. 질문이 우리의 한계를 극복하게 한다

스스로 자신의 한계를 극복하려면 최대한 자유로운 정신으로 질문하라. 자기보다 나은 사람에게 질문하는 것을 부끄럽게 생각한다면 이는 죽을 때까지 편협하고 한정된 틀 속에 자신을 가두는 것과 같다.

2. 빌린 책을 대하듯 사람을 대하라

책을 보면 그 사람을 알 수 있다. 남에게 빌린 책에 틀린 글자가 있으면 작은 종이를 붙여 올바르게 고쳐주고, 찢어진 종이가 있으면 잘 붙여주고, 혹시라도 책을 엮은 실이 끊어졌으면 수선해서 돌려주어야 한다. 이는 조선 시대를 살았던 연암의 말이니, 현실에 맞게 실천할 방법을 찾아 그대로 살아라.

3. 공감할 수 없다면 함께 공존할 수 없다

사람 사이의 관계에서 중요한 하나는 공감하는 능력이다. 사람을 알아가는 과정에서 서로의 마음을 알아주는 것보다 더 값진 것은 없고, 서로를 감동시키는 것보다 더 즐거운 것은 없다. 공존하고 싶다면 먼저 공감하려고 노력하라.

4. 숭고한 정신을 추구하라

돈이 많으면서 주변 사람에게 인색하지 않다면 그는 숭고한 정신을 가진 사람이다. 또한 남의 어려움을 도와주면 그는 어진 사람이다. 거짓을 싫어하고 소중한 것을 마음으로 추구한다면 그는 진정 지혜로운 사람이다. 숭고한 정신은 그것을 가진 사람을 불행하게 만들지 않는다. 불행에서 자신을 구하고 싶다면 연암이 남긴 이 정신을 추구하라.

5. 마음이 넓은 사람은 쉽게 흔들리지 않는다

마음의 크기와 깊이는 인생에서 매우 중요한 역할을 한다. 마음이 깊고 넓은 사람은 보고 듣는 것에 쉽게 휘둘리지 않는다. 좁은 마음은 쉽게 요동치지만, 넓은 마음은 가볍게 흔들리지 않는다. 늘 더 넓은 세상과 공간을 품는다는 생각으로 세상을 보라.

6. 마음은 오랫동안 바라봐야 보인다

우리에게 불행을 주는 대상은 언제나 사람이다. 알 수 없는 것이 바로 사람 마음이다. 세상에는 스스로 자신이 깨끗하다고 말하면서도 깨끗하지 못한 자도 있고, 반대로 스스로 더럽다고 말하지만 실제로 더럽지 않은 자도 있는 법이다. 그냥 보면 알기 힘드니 최대한 오랫동안 마음을 들여다보라. 마음이 스스로 자신에 대해서 말할 때까지 눈을 돌리지 마라.

사는 것이 힘들어지면서 스스로 불행하다고 느끼는 사람도 늘어나고 있다. 우리는 왜 불행해지는 걸까? 인간의 불행을 정의하는 일은 결코 간단하지 않다. 하지만 분명한 사실이 하나 있다. 인간은 천사도 아니고, 그렇다고 짐승도 아니라는 것이다. 기억하자, 상상하며 그리는 것과 현실로 나타나는 것들이 일치하지 않으면 모든 인간은 불행해진다. 불행은 결국 환경이나 상황에서 비롯되는 것이 아니라, 인간이 스스로 만들어내는 것이다. 생각은 천사처럼 하면서 행동은 짐승처럼 하거나 입으로는 정의를 말하면서 손으로는 편법을 추구할 때, 그는 순간적으로 무언가를 성취할 수는 있어도 오래도록 불행 속에서 고통을 받는다. 세상을 속이는 일은 그런대로 넘어갈 수도 있지만, 자신을 속인 대가는 반드시 혹독하게 치러야 하기 때문이다.

인간의 몸이 굽으니 그림자도 따라 굽는다.

그런데 불행한 사람들은 자신의 모습은 생각지도 않고

그림자 굽은 것만 바라보며 한탄한다.

불행은 내 마음이 만드는 것이니

치료도 그걸 만든 내가 가장 잘할 수 있다.

❖　　　우연히 우리를 찾아왔다고 생각되는 모든 나쁜 일은 실은 과거에 알았지만 말하지 않았거나 아무도 모르게 지우고 넘어간 일 때문에 생겼을 가능성이 크다. 연암은 알고 있었다. '불행은 언제나 우리를 노리고 있다.' 그러나 희망적인 사실은 멈추지 않고 계속되는 불행은 없다는 것이다. 스스로 가치 있다고 생각하는 일을 하나하나 차근차근 실행해보라. 조금씩 불행이 지워지는 마법을 경험하게 될 것이다.

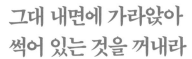

그대 내면에 가라앉아
썩어 있는 것을 꺼내라

만약 내가 같은 시기에 같은 분야의 책을 동시에 발간했다면 어떤 일이 벌어질까? 상황에 따라 달라질 것이다. 만약 두 권의 책이 모두 독자의 사랑을 받으면 "두 권이 동시에 나와서 시너지가 생겼다."라고 평가할 것이고, 반대로 두 권 모두 독자의 사랑을 받지 못하면 "두 권이 동시에 나온 결과 힘이 분산되어서 외면을 받았다."라고 평가할 것이다. 콘텐츠는 같지만 결과에 따라서 전혀 다른 평가를 받게 되는 셈이다. 이처럼 상황을 제대로 본다는 것은 매우 어려운 작업이다. '결과'라는 무시할 수 없는 놈이 늘 섬세한 분석을 방해하기 때문이다. 무언가를 제대로 바라보기 위해 우리는 늘 내면을 깨끗하게 관리해야 한다.

다음 질문에 답해보자.

"'유언'을 생각하면 어떤 기분이 드는가?"

아마도 기분이 묘하게 가라앉을 것이다. 대부분은 소중한 사람들에게 사랑을 전하거나, 그간 느꼈던 고마운 마음을 전하는 식으로 유언을 남기기 마련이다. 그러나 특별한 삶을 살았던 만큼 연암의 유언은 독특했다.

"나를 깨끗하게 씻겨줄 수 있겠나."

보통 유언은 타인에게 재물이나 마음을 전하는 형식으로 이루어지는데, 연암의 유언은 놀랍게도 자신을 향한 요청이었다. 흥미와 함께 질문이 끝없이 이어진다. 69세를 일기로 세상을 떠난 그가 자신을 깨끗이 목욕시켜달라는 유언을 남긴 이유는 무엇일까? 정말로 단순히 자신의 몸을 깨끗하게 씻겨달라는 것일까?

대가들은 자신의 삶을 마감하며 그간의 철학을 한 줄로 압축한 명언을 남긴다. 연암의 유언 역시 마찬가지다. 그게 바로 결코 그의 유언을 쉽게 지나쳐서는 안 되는 이유다. 그의 삶을 통해 나는 이런 숨겨진 의미를 발견할 수 있었다.

그대 내면에 가라앉아 썩어 있는 것을 꺼내라.

인생의 후반전을 시작한 사람들이 가장 자주 저지르는 실수가 바로 이것이다. '자신의 공은 드러내고, 과는 감추려고만 하는 것.' 비유하자면 무게를 달아서 무거운 것은 가라앉히고 가벼운 것만 띄우는 사람이 많은 게 현실이다. 인생 전반기에 이룬 성과를 만나는 사람에게 일일이 자랑하고, 때로는 부풀린 치적을 내세우기도 한다. 어제의 성과는 이미 지나간 영광이지만, 거기에서 벗어나지 못해서 정작 오늘을 제대로 살지 못하는 것이다. 인간의 욕망이란 자신의 치부는 깊은 곳에 숨기고 잘한 것만 내보이려는 유혹에서 자유롭지 않다. 간혹 사소한 실수를 통해 자신의 모자람을 스스로 인정하기도 하지만, 그것 역시 겸손을 드러내기 위한 전략적 선택일 때가 많다. 그래서 우리는 모두 오십 이후의 삶을 빛내기 위해서 다시 연암의 유언을 살펴볼 필요가 있다.

"나를 깨끗하게 씻겨줄 수 있겠나."

무엇이 느껴지는가? 맞다. 그는 명령하지 않았다. 부탁했으며 상대에게 허락을 구하는 말투로 자신의 유언을 전했다. 우리는 마지막까지 이어진 연암의 따스하고도 섬세한 마음을 발견할 수 있다. 이처럼 그는 사는 내내 진실했다. 삶의 시작과 끝을 하나로 연결할 수 있는 사람이었다. 포장이나 과장은 그의 사전에 존재하지 않았다. 그러나 어떤 사람은 말과 행동이 매우 달라서 무엇이 진짜인지 짐작할 수 없다. 바로 그런 인간의 특성이 많이 배우고 많이 경험했어도 좀처럼 앞으로 나아가지 못하게 막는다. 진실성이 부족하기 때문이다. 그래서 연암은 '유리처럼 누구라도 안을 들여다볼 수 있는 투명한 삶'을 늘 강조했다.

가난은 누구에게나 견디기 힘든 고통이다. 하지만 그는 실제로 자신이 말한 것을 삶에서 마지막까지 투명하게 실천하며 살았다. 선비가 생활이 궁하다고 해서 궁상스럽게 구는 것은 수치스러운 일이라고 말한 바를 실천했고, 출세한 다음 제 몸만 챙기기에 급급한 것도 마찬가지로 수치스러운 일이라고 생각해 경계하며 살았다. 그의 유언처럼 과오를 숨기지 않고 깨끗하게 살았던 셈이다.

그의 삶을 그의 말로 비유해서 설명하면 이렇다.

"그릇 만드는 사람을 천시하는 세상에서는 좋은 그릇을 기대하기 힘들다."

이미 앞에서 소개한 적 있는 말이지만, 다시 한 번 소개하는 이유는 비단 그릇의 영역에서만 통하는 철학이 아니기 때문이다. 사람과 사람 사이의 관계에서도 통용되는 숭고한 철학이다. 관계를 오래 지속하려면 어떻게 해야 할까? 자신의 이익은 잠시 내려놓고, 좋은 것을 주겠다는 생각을 자주 하는 게 좋다. 자신의 이익만 생각하면 상대에게 자꾸 현실과 다른 말을 하게 되며, 입에 발린 소리만 내뱉게 된다. 또한 내면에 더러운 것만 가라앉는다. 연암은 이런 행태를 두 가지로 구분해서 다음과 같이 정리했다.

1. 이익을 중심에 두고 사람을 사귀면 관계를 지속하기 어렵다. 서로가 서로에게 거짓만 주는 관계는 오래가지 못하는 법이다. 또한 그것은 서로의 내면에 상처를 주는 일이다.
2. 장사꾼은 사람을 이익의 관점으로만 접근하고, 실속 없이 체면만

차리는 사람은 상대의 껍데기만 바라보며 다가간다. 이 두 부류의 사람을 조심해야 하며 스스로 그런 사람이 되지 않도록 주의해야 한다.

생계가 걸린 문제도 있으니 이익을 생각하는 것도 좋지만, 매번 이익의 관점으로만 바라보는 것은 서로에게 좋지 않다. 서로를 마음의 눈으로 바라보며, 물욕이 아닌 내면의 가치를 추구할 때 우리는 인격적으로 성장할 수 있으며 도덕과 의리로 다져진 관계를 맺을 수 있다. 그러면 세상이 아무리 우리의 내면을 파괴하려고 해도 쉽게 당하지 않는 강한 자신을 만들 수 있을 것이다.

그릇 만드는 사람을 천시하는 세상에서는
좋은 그릇을 기대하기 힘들다.

❖　　내면이 단단해지기를 바란다면 상대에게 좋은 것을 주라. 상대를 천시하거나 얕보는 시선을 가진 사람은 결코 주변을 좋은 사람으로 채울 수 없고 자신의 성장도 기대할 수 없다. 따스한 눈으로 바라보며 그의 행복을 바라는 마음으로 다가가면, 당신은 원하는 내면의 만족을 얻게 될 것이다. 좋은 그릇을 원한다면 그걸 만드는 사람을 존경해야 하듯 단단하고 강한 내면을 갖고 싶다면 당신 곁을 스치는 사람을 모두 좋은 마음으로 바라보라.

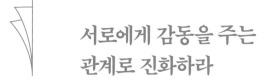

서로에게 감동을 주는
관계로 진화하라

세상에 태어날 때부터 죽는 날까지 혼자서 살 수 있는 사람은 없다. 우리는 모두 사람들과 관계를 맺으며 산다. 그렇게 사람들과 섞여서 혼자서는 알 수 없는, 미움과 시기 그리고 희열 등의 감정을 느끼고 배운다. 누군가에게 그 과정은 행복과 아름다운 것일 수도, 반대로 불행과 비난 등의 부정적인 것일 수도 있다. 창의적인 사람들이 대개 그렇듯 사람과의 관계에서 많은 고통을 겪었던 연암은 좋은 관계를 유지하는 방법을 오래 연구한 끝에 수많은 지혜로운 조언을 우리에게 남겼다. 그가 전하는 관계에 대한 핵심은 다음 두 줄에서 시작한다.

"온 세상 사람들이 모두 따르는 것은 '권세'이고, 너도 나도 추구하는 것은 '명성'과 '이익'이다."

세상에 나쁜 단어와 상황은 별로 없다. 권세와 명성 그리고 이익을 추구하는 것 자체도 역시 나쁜 것은 아니다. 문제는 그 깊이와 강도다. 다른 것과 함께 '그것도' 추구하는 사람은 괜찮지만, '그것만이' 관계의 목표인 사람은 곁에 두지 않는 편이 좋다. 듣기에도 미묘한 전자와 후자를 어떻게 하면 제대로 구분할 수 있을까? 연암은 다시 이렇게 설명한다.

"사람은 자신을 알아주는 이를 만나면 내면에 품었던 모든 뜻을 자신 있게 펼칠 수 있지만, 자신을 알아주는 이를 만나지 못하면 힘껏 날개를 펼치기가 매우 어렵다. 그래서 친구를 사귐에 있어서는 서로를 알아주는 것보다 더 귀한 것은 없고, 서로를 감동시키는 것보다 더 행복한 것은 없다."

그가 말한 내용의 핵심은 무엇일까? 바로 '사소한 표현의 중요성'과 '사람을 배려하는 마음의 온도'다. 연암은 많은 사람이 모인 곳에서 어떤 특정 사람을 소개할 때 '제일'이라는 표현을 사용하는 사람은 위험하다고 말했다. 이를테면 "여기에서 이 사람이 제일 머리가 똑똑하지.", "저 사람이 제일 문제를 잘 해결하지."라는 식의 표현을 좋아하지 않았다. 제일이라는 것은 그 자리에서 그보다 나은 사람이 없다는 뜻이니, 같은 공간에 모인 다른 사람들은 침울해지고 기운이 빠지기 때문이다. 가능성과 희망이 사라지는 말과 표현을 자제할 정도로 그는 사람을 배려하고 존중했다.

그럼 어떤 사람을 만나야 하는가? 연암의 생각에 나의 생각을 덧붙이면 이렇다.

어떤 치열한 경쟁 속에서도 욕망을 제어할 수 있는 사람을 만나야 한다. 그는 이기려고 자기 욕망만 내세우는 사람이 아니라, 모든 사람에게 하나씩 존재하는 유일한 가치를 발견해서 알려주는 고마운 사람이기 때문이다. 그는 모든 사람을 안아줄 수 있는 사람이며, 타인의 개성과 매력을 존중하는 사람이다. 더불어 관계에서 자기 이익만 추구하는 사람이 아닌 공동의 이익을 추구할 줄 아는 사람일 가능성이 크다.

"에이, 그런 사람이 왜 나를 만나주겠어?"

충분히 이런 두려움과 의혹을 가질 수도 있다. 사람에 대한 두려움은 나이가 들수록 더욱 강해져서 괜히 주눅 들게 한다. 자신감을 갖자. 세상에는 착하기만 한 사람도 능력이 뛰어나기만 한 사람도 없다. 만약 연암이 지금 우리 곁에 있다면 "나는 결코 착한 사람이 아니다."라고 말하며 당신에게 시작할 힘을 전해줄 것이다.

우리는 듣기만 해도 거창한 '지구의 평화'나 '우주의 행복'을 지키기 위해 태어난 사람이 아니다. 물론 자연을 아끼고 소중하게 생각해야 하지만, 그것만이 삶의 목표는 아니다. 우리는 좋은 사람과 좋은 마음을 나누며 살기를 원한다. 그러기 위해 대단한 능력이 필요한 건 아니다. 무엇보다 중요한 건 '일상에서 자주 만나는 풍경을 얼마나 아름답게 만들고 있는가?'에 대한 문제다. 우리는 결국 모두 일상이라는 무대에서 살아가기 때문이다.

때로 우리는 자신의 일을 성공시키기 위해서 매우 이기적인 선택을 하기도 한다. 타인의 불행을 발판 삼고 그 위에 자신의 행복을 쌓는 것이다. 그러나 연암의 삶은 다시 이렇게 말한다.

> "나는 좋은 사람이 아니다. 그러나 좋은 사람이 되려고 노력하는 사람인 건 맞다. 인생의 후반에서 만나는 새로운 사람들에게 당신도 그렇게 좋은 마음을 전하며 살 수 있다면, 이전보다 조금은 더 행복해질 것이다."

나이 오십을 맞이하는 사람들에게 중요한 것은 바로 일상의 작은 행복을 놓치지 않는 것이다. 서로에게 작은 감동을 주며 살아가는 삶이 인생 후반전을 더 근사하게 만들어줄 것이다.

벗을 사귐에 있어서

서로를 알아주는 것보다 더 귀한 것은 없고

서로를 감동시키는 것보다 더 행복한 것은 없다.

❖　　　착한 마음이 드러나면 반드시 기쁜 안색을 띠고, 악한 마음이 드러나면 반드시 나쁜 안색을 띠게 된다. 정성을 다하는 사람일수록 생각이 깊고 생각이 깊어지면 관계에서 분란이 생기지 않는다. 상대방에게서 진실한 마음을 찾아내기 때문이다. 관계는 지식의 영역이 아닌 정성으로만 빚을 수 있는 예술이다. 지식은 하늘을 분석하지만 정성은 하늘을 움직인다. 가장 아름다운 관계는 서로의 장점을 알아주는 것이고, 가장 행복한 관계는 서로에게 감동을 주는 것이다.

당신이 쓴 '글의 격'이
'삶의 격'을 결정한다

하루는 조선 후기의 문장가이자 서화가 유한준兪漢雋이 연암에게 자신이 쓴 글에 대한 평가를 요청했다. 사실 연암에게는 매우 엄중한 상황이라고 볼 수 있다. 당시 유한준은 이미 《저암집》著菴集을 저술한 당대의 문장가로 평가받고 있었으며, 김포군수와 형조참의刑曹参議(오늘날 법무부 장관) 벼슬을 할 정도로 높은 지위에 오른 인물이었기 때문이다. 아마 굳이 일을 만들고 싶지 않다고 생각하는 보통 사람이었다면, 그의 글에서 좋은 부분만 발췌해서 최대한 긍정적인 평을 했을 것이다. 그러나 연암은 다른 길을 택했다. 자신의 글을 대하듯 솔직하게 평가하는 것이 상대를 진정으로 존중하는 길이라고 생각했기 때문이다. 자신보다 나이도 많고 글쓰기 경력이나 지위도 높다는 것을 염두에 둔 그는 일단 이런 식의 표현으로 편지의 서두를 채웠다.

> "보내주신 글은 양치질을 하고 손을 깨끗이 씻은 뒤에 무릎을 꿇고 앉아 정중한 마음으로 읽었습니다."

재미도 느껴지지만, 상대를 존중하고 있다는 생각이 절로 드는 표현이다. 그리고 그가 에둘러 표현한 비유 중 시처럼 아름다운 부분이 있으니 바로 이것이다.

> "나무를 지고 다니면서 소금을 사라고 외친다면, 하루 종일 돌아다녀도 하나도 팔지 못할 것입니다."

그러면서 그는 "소송하는 사람에게 실질적인 증거가 있어야 하듯, 글쓰기에도 분명한 법도가 있습니다."라며 본격적으로 하고 싶은 이야기를 꺼낸다. 여기까지만 읽어도 연암의 글은 역시 격이 다르다는 사실이 느껴진다. 내가 책을 통해 '글쓰기'라는 매개로 연암의 삶을 소개하는 이유도 바로 여기에 있다.

다음에 제시하는 네 가지 방법은 연암이 이 시대를 살아가는 중년의 사람들에게 전하는 격이 다른 글을 쓰는 비법이니 각자 자기 삶에 적용한다는 생각으로 읽어보길 바란다.

1. 수준 높은 참고 자료를 인용하라

글을 쓸 때 경전의 내용을 활용하는 건 좋은 일이다. 하지만 모든 경전이 다 좋은 것은 아니기에 활용할 수준에 이른 경전을 선택할 수 있는 안목이 필요하다.

2. 어려운 표현은 자제하라

문장이 서툴거나 이해하기 어려운 것은 사물의 명칭을 있는 그대로 쓰지 않았기 때문이다. 모두가 사용하는 말이 있는데 굳이 잘 모르는 어려운 용어를 쓰는 건 지적 사치다.

3. 고유의 것을 소중히 여겨라

우리 고유의 것을 써야 한다. 왜 우리나라 고유의 지명이 있고 명칭이 있는데 중국의 것을 빌려오는가. 그럼 이름과 실제가 맞지 않아 혼란스럽고, 이는 글의 격을 한없이 낮춘다.

4. 가장 진실한 마음을 담아야 글이 산다

세상에 결코 저속한 이야기는 없다. 모든 이야기는 아름답고 그 안에 가치를 담고 있다. 보기에 좋은 것만 쓰고 나머지는 삭제해버린다면 그걸 진실한 글이라고 말할 수 있겠는가.

위의 세 번째 말의 설명을 더하자면, 당시 조선의 문장가들은 우리나라 고유의 지명이나 지역 이름을 쓰면 글의 격이 떨어진다고 생각했다고 한다. 그래서 의미가 맞지 않는 중국의 명칭을 써서 표현하곤 했다. 이를테면 한양을 한양이라 쓰지 않고 중국의 옛 수도인 장안長安으로 쓰는 것이 글의 격을 높인다고 생각한 것이다. 그런데 문제는 여전히 과거의 잔재가 남아 있다는 사실이다. 동대문구의 '장안동'이 바로 그것이다. '장안동'이란 명칭은 조선시대에 군마 훈련장이자 방목장으로 쓰이던 '장안평'長安坪에서 유래했는데, 이때의 '장안'이 중국 시안西安의 옛 지명 '장안'에서 따온 것이다. 지역이나 공간을 표현하는 단어에 '장안'이 들어가 있다면, 중국의 명칭을 쓰던 과거의 영향을 받은 것이라 생각하면 대부분 맞다.

다시 연암으로 돌아와, 유한준에게 글의 격을 높이는 법을 전수하던 그는 맹자의 글을 변주하여 조언하는 것으로 편지를 마무리한다.

"성은 다 같이 쓰지만 이름은 홀로 쓰는 것이죠. 마찬가지로 문자는 다 같이 쓰는 것이지만 글은 홀로 쓰는 것입니다."

근사한 표현이다. 오십 이후의 기품이 격이 다른 글쓰기로 결정되는 이유가 바로 여기에 있다. 글은 결국 혼자서 써서 완성하는 지성의 결정체이다. 당신이 쓴 글이 곧 당신의 수준이다. 연암의 네 가지 조언을 정리하면 이렇다. 다음 글을 낭독과 필사를 통해서 자신의 것으로 만든다면, 글쓰기를 통해 오십 이후 삶의 격을 높일 수 있을 것이다. 더불어 오십 이후의 삶에 늘 좋은 것만 담기기를 소망한다.

문자는 다 같이 쓰는 것이지만,
글은 홀로 쓰는 것이다.

❖ 　　글이란 있는 그대로 솔직하게 표현하는 게 우선이다. '어떻게 하면 더 있어 보일까?'라는 생각 그 자체가 글에 아무것도 없다는 것을 증명한다. 껍데기에 신경을 쓴다는 것은 알맹이가 없다는 방증이기도 하다. 첫 줄을 시작할 때부터 옛말을 떠올리거나 경전을 찾아 좋은 말을 빌려서 자신의 글을 근엄하게 만드는 일을 당장 멈춰야 한다. 남의 글로 아무리 무게를 잡아도 그 무게는 나의 것이 될 수 없다. 글이란 반드시 거창할 필요가 없다. 보이는 것과 느끼는 것을 그대로 그려낼 수 있다면 그걸로 충분하다. 솔직한 표현과 진실한 마음을 이길 수 있는 옛말과 경전은 없다. 당신이 보낸 삶을 믿고 써라. 자신을 향한 믿음이 삶의 격을 높인다.

지금부터는
그대 자신의 행복을 선택하라

　　　오십 즈음이 되면 지금까지는 몰랐던 삶의 진실을 깨닫게 된다. 매사 열정적으로 치열하게 살아가면 삶의 후반기부터는 안정과 평화가 가득한 일상을 누릴 거라고 굳게 믿었지만, 안타깝게도 그런 건 세상에 없다. 무엇이든 20년 혹은 30년 가까이 치열하게 지속해야 비로소 전문가로 살아갈 수 있으며, 업계에서 아무리 이름을 떨쳐도 그 공간을 벗어나면 아무도 나를 알아주지 않는 외로운 세상을 만나게 된다. 일은 나를 증명할 수 없고, 지나온 시간은 허망하다. 그래서 더욱 나는 연암을 당신에게 소개하고 싶었다. 나도 같은 감정을 느꼈으며 참 많이 아팠으니까.

우리는 매일 쉽게 지나칠 수 없는 선물을 받고 있다. 그것은 바로 일상이다. 살아 있는 한 삶은 매일이 새로운 시작이다. 물론 일상이 우리에게 어떤 고통을 주는지 잘 알고 있다. 어떤 시대든 누구에게든 시작은 두려움의 연속이다. 아무리 강인한 사람도 작은 바람이라도 불면 흔들리고, 파도가 치면 무너지는 자신을 느끼며 '또 세상은 이렇게 나를 도와주지 않는구나.'라고 생각하기 쉽다. 그렇게 온갖 부정적인 감정에 휩싸이며 조금씩 무너진다. 그러나 그대는 지금까지 이 책을 읽으며 연암과 나눈 수많은 이야기를 통해 깨달았을 것이다. 세찬 바람과 파도보다 무서운 것이, 바로 자기 안에서 부는 바람이라는 사실을. 그대는 견딜수 있다. 흔들리는 그대 마음을 꽉 붙잡아라. 연암이 그대에게 외치는 저 뜨거운 음성이 들리지 않는가.

"세상에서 부는 바람은 내가 어찌할 수 없지만,
내 안에서 부는 바람은 생각을 바꾸면 잠재울 수 있다."

강인한 의지로 지금까지 당신을 괴롭히던 생각을 바꾸려면, 이것 하나를 꼭 기억하고 지켜야 한다.

앞으로 어떤 일이 생겨도 절대 자신을 괴롭히지 말 것.

고생하며 살아가는 자신을 스스로 못살게 괴롭히는 것보다 미련한 짓은 없다. 지금까지는 그랬어도 앞으로는 그러지 말자. 이룰 수 없는 거대한 목표를 세우는 것도 자신을 괴롭히는 못된 습성 중 하나다. 꿈은 클수록 좋다고 하지만, 그 안에 욕망이 녹아 있다면 모두 제거하고 진실한 목표만 남겨두자. 손에 잡히지 않는 거대한 목표는 사람을 지치게 하고 그걸 해내지 못한 자신을 원망하게 만든다. 본질만 바라보며 가자.

포장지는 아무리 화려해도, 결국 벗겨내야 할 껍데기에 불과하다.

그저 일상에 모든 것을 바치면 된다. 오십부터는 세상을 위해 산다고 생각하지 말고, 자신을 위해 산다고 생각하며 하루를 보내는 것이 현명하다. 그리고 그 옛날 연암이 느꼈던 것처럼 세상이 당신을 선택하지 않는다고 비참한 마음을 느끼거나 포기하지 말자. 세상이 당신을 선택하지 않았다는 것은, 그대에게 스스로 자신을 선택할 근사한 기회가 생겼다는 것을 의미하니까. 세상의 선택을 받지 못했다면, 그대가 스스로 자신을 선택하라. 분노라는 감정에서 벗어나 생각의 방향을 돌리면 언제나 우리는 원망스러운 마음을 잠재울 수 있다.

생각이 흐르는 방향을 온전히 자신에게로 틀어라. 우리는 직장에 다니거나 창업해서 돈을 벌면서 살다가 오십을 맞는다. 그러나 오십 이후에 자신에게 평안과 안정을 선물하고 싶다면 돈 벌기에 관한 인식을 바꿔야 한다.

"직장에서 돈을 벌든 혹은 창업해서 수입을 올리든, 그 모든 것은 내가 누군가에게 공헌해서 올리는 것이 아니라, 내 소중한 시간을 소비한 대가로 받는 돈이다."

우리는 누구나 돈으로 살 수 없는 시간을 팔아서 돈을 번다. 이 굴레에서 무엇이 사라지고 무엇이 남는지 정확히 꿰뚫어볼 수 있어야 한다. 그래야 오십 이후의 삶에 후회와 고통을 최대한 남기지 않을 수 있다.

연암도 이에 동의하며 이렇게 외친다.

"아무리 세상을 강렬하게 비추는 태양이라도, 나무를 태우거나 쇠를 녹일 수는 없다. 빛이 분산되기 때문이다. 그 빛을 돋보기에 모아야 비로소 강한 힘이 발생해 무언가를 태울 수 있다."

자신에게 가장 좋은 것을 반복해서 선택하는 게 중요하다. 지금까지 반복한 누군가의 행복을 위한 선택이, 혹은 누군가에게 선택받기를 바라며 분투한 시간이 그대를 행복하게 해주지 않았다면, 생각을 바꿔 이제는 그대 자신의 행복만 선택하며 살아라. 그리고 그 선택에 집중하며 남아 있는 평생의 시간을 자신의 행복으로 가득 채우고 살아라. 이제 마지막으로 다음 네 줄의 글을 쓰고 낭독해보라.

자신을 굳게 믿고 강하게 의지하라.
이제는 자신만을 위해 살아라.
세상의 행복이 아닌, 자신의 행복을 만나라.
더 큰 세상이 아닌, 더 큰 나를 만나라.

— **연암의 저서**(한국고전종합DB https://db.itkc.or.kr/)

《연암집》燕巖集 제1권 연상각선본 烟湘閣選本 〈초정집서〉楚亭集序, 〈증백영숙입기린협서〉贈白永叔入麒麟峽序, 〈담연정기〉澹然亭記, 〈이존당기〉以存堂記, 〈백척오동각기〉百尺梧桐閣記, 〈공작관기〉孔雀館記, 〈발승암기〉髮僧菴記

《연암집》 제2권 연상각선본 〈답대구판관이후〉答大邱判官李侯

《연암집》 제3권 공작관문고孔雀館文稿 〈공작관문고자서〉孔雀館文稿自序, 〈소완정기〉素玩亭記

《연암집》 제4권 영대정잡영映帶亭雜咏 〈연암억선형〉燕岩憶先兄

《연암집》 제5권 영대정잉묵映帶亭賸墨 〈답경지지이〉答京之之二, 〈답창애지삼〉答蒼厓之三, 〈여인〉與人

《연암집》 제7권 종북소선鍾北小選 〈종북소선자서〉鍾北小選自序, 〈능양시집서〉菱洋詩集序, 〈북학의서〉北學議序, 〈영처고서〉嬰處稿序, 〈녹천관집서〉綠天館集序, 〈영재집서〉泠齋集序, 〈순패서〉旬牌序, 〈관재기〉觀齋記

《연암집》 제8권 방경각외전放璚閣外傳 〈민옹전〉閔翁傳

《연암집》 제10권 별집 엄화계수일罨畫溪蒐逸 〈답남수〉答南壽, 〈원사〉原士

《열하일기》 〈도강록〉渡江錄 | 일신수필馹迅隨筆 〈장관론〉壯觀論; 관내정사關內程史 〈난하범주기〉灤河泛舟記, 〈호질〉虎叱, 〈호질후지〉虎叱後識; 〈태학유관록〉太學留館錄, 〈망양록〉忘羊錄; 산장잡기山莊雜記 〈일야구도하기〉一夜九渡河記, 〈상기〉象記; 〈앙엽기〉盎葉記

《영대정집서》映帶亭集序 '저실기측'咀實其測, '함영지출'含英之出

─ 그 외의 저서

공자, 《논어》論語 〈위정〉爲政 편

맹자, 《맹자》孟子 〈진심〉盡心 상편

박제가 朴齊家, 《북학의》北學議 〈북학의서〉北學議序

박제가, 《초정집》草亭集 〈초정집서〉楚亭集序

박종채 朴宗采, 《과정록》過庭錄

이서구 李書九, 《녹천관집》綠天館集 〈녹천관집서〉綠天館集序

정약용 丁若鏞, 〈탄빈〉歎貧

최치원 崔致遠, 〈곧은 길 가려거든〉直道能行要自愚